中国传统养老文化和养老产业研究

薛　雷◎著

九州出版社
JIUZHOUPRESS

图书在版编目（CIP）数据

中国传统养老文化和养老产业研究 / 薛雷著 . -- 北京 : 九州出版社 , 2023.10

ISBN 978-7-5225-2204-3

Ⅰ . ①中… Ⅱ . ①薛… Ⅲ . ①养老—文化研究—中国②养老—服务业—产业发展—研究—中国 Ⅳ .

① D669.6 ② F726.99

中国国家版本馆 CIP 数据核字（2023）第 182016 号

中国传统养老文化和养老产业研究

作　者　薛　雷　著

责任编辑　周红斌

出版发行　九州出版社

地　　址　北京市西城区阜外大街甲 35 号（100037）

发行电话　（010）68992190/3/5/6

网　　址　www.jiuzhoupress.com

印　　刷　北京亚吉飞数码科技有限公司

开　　本　710 毫米 ×1000 毫米　16 开

印　　张　10.25

字　　数　162 千字

版　　次　2024 年 4 月第 1 版

印　　次　2024 年 4 月第 1 次印刷

书　　号　ISBN 978-7-5225-2204-3

定　　价　70.00 元

序 言

文化是人类社会由历史奔向未来的精神长河,滋润着国家经济和社会的健康发展。文化对经济的发展具有引导作用,文化要素深入融合经济社会的各领域,可以推动传统业态的创新,提升产业的生命力和活力。受生产力和计划生育政策的影响,中国 1999 年开始进入老龄化社会,近年来少子化、老龄化和高抚养比程度逐步加深。与发达国家"先富后老"不同,中国人口老龄化速度快、规模大、财富积累不足,对经济产生了较大的负面影响,对国家财政和社会保障的可持续发展形成阻碍,也给传统家庭养老和养老产业的发展带来严峻的挑战。中华传统养老文化作为社会伦理道德和行为准则,曾为中国的幸福家庭和和谐社会建设发挥了积极作用,在老龄化日益严重的今天,以传统养老文化为突破口破解养老难题,对于落实以老人为本、传承中国优秀文化和创新发展中国特色的养老产业具有重要意义,有助于落实中国的文化强国和健康中国战略。

本书的研究目标是围绕传承中华传统养老文化的角度,基于历史性和整体性的考察,来探索符合中国国情和文化特色的养老产业创新发展路径,实现"以文惠老,以文兴业,以业承文"。中国发展养老产业的最终定位是为了满足多元养老需求,惠及千万老年人,以传统文化引领繁荣养老产业,以养老产业继承创新传统养老文化。创新养老产业发展路径中的"新"体现在何处?即新视角、新趋势和新业态。新视角是指摆脱产业研究的经济视角,而采用文化视角来研究养老产业;新趋势是指传统养老文化在随着经济社会发展过程中所逐渐演变而成的新趋势,如居家养老到社区居家养老,养儿防老到社会养老,他人供养到老人自养,物质养老到精神养老等;新业态是指打破传统业态碎片化、链条不紧密、各自为战的模式,采用行业融合的形式来推动"养老+"新业态,如旅游＋养老、文化＋养老、物业＋养老、互联网＋养老、金融＋养老、地产＋养老等。

本书首先采用文献研究法梳理传统养老文化和养老产业的内涵、当代价值、发展现状和理论基础,并探索二者之间的内在辩证关系。通过探索中华传统养老文化和养老产业发展过程中存在的问题,得出结论:传统养老文化面临着政府重视程度不足、传统文化教育缺失、多元文化冲击、家庭观念淡化等问题,养老产业面临着部分传统观念阻碍养老产业的发展、养老产业政策法规不健全、养老产业链不均衡、养老服务和保障体系不健全、养老资源供需不匹配、养老服务人才缺乏、优秀传统文化和养老产业出口难等问题。另外,研究发现传统文化和养老产业二者联系紧密,传统养老文化可以引领养老产业的发展方向,养老产业可以反作用于传统养老文化,提升中国社会凝聚力和文化认同感,弘扬传统文化和发展养老产业的目的都是满足老年人个性化与多元化的养老需求。老龄化社会下继承和弘扬中华传统养老文化,需要深刻理解传统文化在个体、家庭、社会、国家四个层面的当代价值,研究中国养老产业发展的新趋势和新业态,为中国养老产业的创新铺垫基础。为突破传统文化和养老产业缺乏定量研究的缺点,本书作者采用问卷调查法、定量研究法和熵值法,对山东省文化和养老产业的耦合发展情况进行了数据采集和实证分析,研究表明近年来山东省文化和养老产业耦合协调度整体上升,但养老产业发展滞后且潜力巨大。作者还采取对比研究法来借鉴日本、新加坡和中国济宁的基于传统文化视角发展养老产业的经验,得出中国需加强养老制度建设、养老金体系建设、老年护理险建设、老年人再就业能力建设、老年服务精细水平建设等。最后,作者基于传统文化视角提出创新养老产业的路径,包括营造养老产业所需的环境和氛围,健全养老产业健康可持续发展所需要的政策法规,整合养老产业链促使各链条优质均衡发展,构筑完备的养老服务体系和养老保障体系,以供给侧结构性改革促进养老产品和服务的供需平衡,打造专业人才队伍提升养老管理服务水平,加强中华传统文化的国际交流,促进养老产业进出口贸易发展。

目　录

第一章 绪 论

第一节 研究背景与意义

一、研究背景

19世纪以后,工业革命的发展提升了人类的生活水平和医疗水平,人均预期寿命的延长开始导致老年人口增多,于是人类社会萌生了老龄化问题。按照联合国的相关标准,当60岁以上人口占总人口的比例超过10%或65岁以上人口占总人口的比例超过7%时,意味着该国家或地区进入老龄化社会。参照此标准中国已于1999年进入老龄化社会[①]。截至2022年底,中国60岁及以上老年人总数约为2.8亿,中国已成为世界老龄人口最多的国家。人口老龄化改变了劳动力结构和社会总抚养比,带来了劳动力的老化,以及退休、养老、医疗、长期照护等一系列问题,严重影响中国的公共财政安全和社会的和谐稳定。中华民族是重视孝道的民族,有着尊老敬老的传统美德,因此中国把"老有所养、老有所医、老有所教、老有所学、老有所为、老有所乐"视为发展养老产业的终极目标。老龄化问题既是社会热点问题也是重要民生问题,如何以中华优秀传统养老文化为指导来创新养老产业的发展,从而促进中国人口与经济社会发展的双向适应和动态均衡,成为制约中国高质量发展的关键因素。

[①] 李博洋:《适老化社区景观模块研究》,硕士学位论文,东华大学,2020年,第1页。

虽然近些年中国经济发展形势良好,但是人均 GDP 还处于中等水平,人均寿命的延长和看病贵等难题困扰着许多家庭,受计划生育政策的影响,中国多数家庭在未来长期内需赡养 4 位老人,家庭养老负担过重,这给中国的养老保障和医疗保障体系带来巨大压力。从养老需求层面看,除了物质生活的需求,老年人对精神层面的渴求也越来越多。为提升生活质量,有的老年人选择旅游愉悦身心,有的老年人选择报名老年大学接受继续教育,还有的老年人通过投资商业保险和养老地产来获取收益,但是中国的老年大学和老年金融、地产相关产品不足,难以满足老年人需求。另外,伴随着身体机能的流失,半失能、失能老年人口数量逐渐增加,这部分人群对智能适老产品、长期照护的需求也越来越高,还有些老年人对养老院、养老护理中心等硬件设施提出更高的要求,仅靠传统的家庭养老无法满足老年人的个性化和多样化的养老需求。整体来看,在未来很长一段时间,中国老年人的需求将日益增多,但是养老产业发展相对滞后,养老服务供给和产品不足,养老产业链不完善,因此养老产业的转型和升级势在必行[①]。

(一)中国人口结构变化

根据第七次中国人口普查结果,截至 2020 年 11 月,65 岁及以上人口总数共 190635280 人,约占比中国总人口的 13.50%。调研数据同时显示,包含山东在内的 12 个省份同岁数段老年人口比重已超过 14%,远超国际 7% 老龄化标准。人口专家根据 65 岁以上人口占比将不同国家划分为"年轻型人口、成年型人口和老年型人口"[②],这标志着中国已进入老年型人口结构。2023 年 1 月中国国家统计局发布人口数据,2022 年末中国人口比 2021 年同期减少约 85 万人,自 1960 年起人口的负增长首次出现在大众视野。如图 1-1 所示,随着老龄化程度的加深,中国的老年抚养比近年来不断攀升,人口结构逐渐呈现出如下新特征。

---

① 孙寒冰,江美丽:《国内外养老产业发展模式经验借鉴与启示》,《经贸实践》2016 年第 6 期,第 124 页。
② [美]James H. Schulz:《老龄化经济学》,裴晓梅等译,北京:社会科学文献出版社,2010 年,第 280 页。

（%）

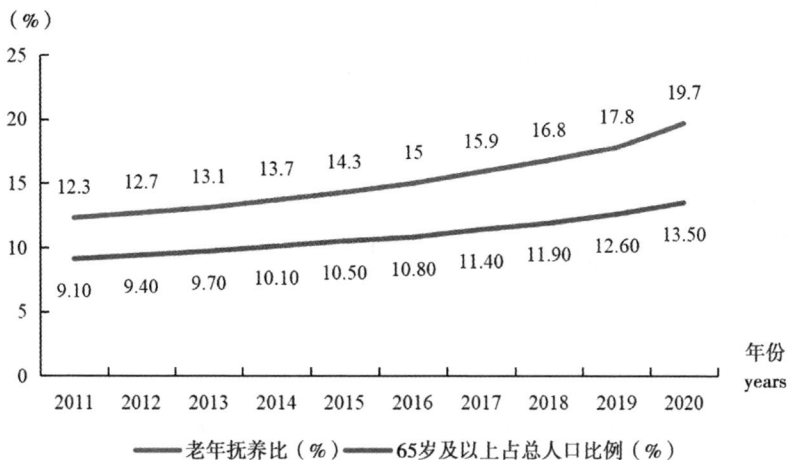

数据来源：中国国家统计局第七次人口普查数据

图 1-1 2011—2020 年中国老年抚养比与 65 岁及以上人口占比图

第一，人口总数增速继续减缓。根据国家统计局数据，2010—2020 年间中国总人口增长了 5.38%，低于 2000—2010 年 5.84% 的增长率，更是远低于 1990—2000 年的 11.66% 和 1982—1990 年的 12.45%。根据图 1-2 显示，中国六次人口普查人口年平均增长率在逐步降低。老龄化的主要诱因是生育率过低。通常认为如果一个国家的人口总和生育率持续低于 2.1，就会导致人口增速减缓、劳动年龄人口下降、老龄人口上升等特征，最终人口结构出现老龄化。如果总和生育率低于 1.5，就会掉入低生育率陷阱。为应对人口的快速增长，在 20 世纪 80 年代，中国实行了严格的计划生育政策，由此中国的生育率在 2.06 水平快速下降并持续走低。目前中国的生育率远低于世界 2.45 的平均水平，与马来西亚、俄罗斯相比，中国的生育率仍然偏低。计划生育政策实施三十多年以来，中国的人口出生率下降了 10‰。2016 年，中国开始实施二孩政策，为进一步优化生育政策，2021 年中国实施三孩政策，但是实行计划生育政策对中国人口结构所产生的影响仍在延续。2021 年，中国生育率低至 1.15，低于世界绝大多数国家，高房价和高教育成本拉低了生育率，更加剧了中国的人口老龄化问题，多数"80 后"和"90 后"独生子女夫妇需要赡养四个人和一个孩子，家庭养老负担过重。2022 年末，中国新出生人口仅占 2016 年的 53%，人口出生率连续六年呈下降趋势，累计降低 6.8‰。新生儿的锐减和老龄化的加速成为中国人口负增长的主要原因。

（%）

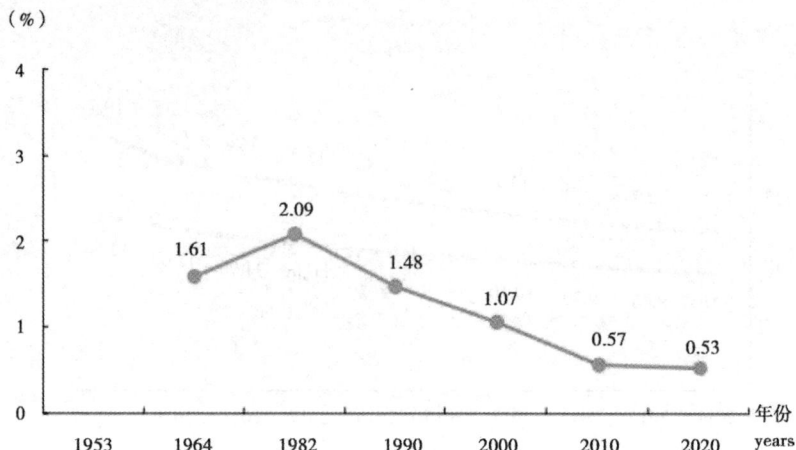

数据来源：中国国家统计局

图 1-2　历次人口普查中国人口年平均增长率图

第二，15—64 岁劳动年龄人口占比下降。1964 年后，中国劳动年龄人口比例不断增高，一直持续到 2010 年，在这期间人口红利是中国经济得以高速增长的重要支撑，但 2021 年中国第七次人口普查发现，劳动年龄人口占比下降 6.79 个百分点，这对中国未来社会稳定发展和经济稳步增长带来巨大挑战。由于低出生率和逐步的老龄化，劳动力人口不断减少，照此速度，2020—2025 年，中国 15—64 岁的劳动年龄人口数量将会从 9.85 亿下降到 9.75 亿左右。随着大龄劳动人口的老化，中国 65 岁及以上老年人口的数量会继续上行，届时中国的老年抚养比也将再创新高。

第三，老龄化人口区域分布不均衡。由于中国人口总基数较大，因此中国的老年人口数量在亚洲和全世界都最多。从老龄化分布区域来看，东部沿海经济发达地区已经进入老龄化阶段，例如北京、天津、上海等大城市的老龄化程度甚至已经接近或超过国外某些发达国家，在中部和西部区域老龄化速度相对较慢[①]。其次中国城市与农村之间的老龄化也存在差异，城市老龄化水平高于农村，但由于城市化进程和农村人口存在着流动性，城乡老龄化的程度都在加深，农村老人面临的养老问题更加严峻。

① 邹继征：《中国养老体系完善与养老产业发展研究》，北京：新星出版社，2015 年，第 48 页。

4

（%）

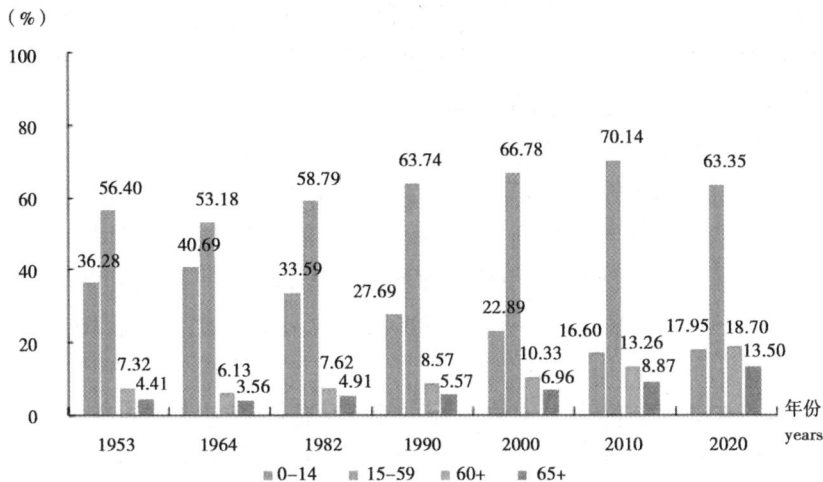

数据来源：中国国家统计局

图 1-3　历次人口普查中国人口年龄构成图

第四，老龄人口在总人口中占比显著提升。结合之前五次中国人口普查公布数据来看，中国 65 岁及以上老龄人口数量虽然一直在上升，但增幅一般较为稳定，但第七次普查显示老龄人口占比高达 13.5%，而且增幅是之前两倍，对比发现中国人口老龄化逐渐加速。随着医疗卫生条件的提升和健康观念的普及，2020 年中国男性平均寿命为 73.64 岁，女性平均寿命为 79.43 岁，因此中国社会养老压力较大。2000—2020年，60 岁及以上老年人口数从 1.26 亿增至 2.64 亿，所占总人口比例从10.33% 升至 18.7%（见图 1-3），人口老龄化问题成为事关国家安全全局和百姓福祉的社会性难题。

为应对人口老龄化，中国将积极应对老龄化战略提高到国家战略，不但提出一系列新的思想和新的论断，积极创新改革，不断调整生育政策，力争构建养老、爱老、敬老政策体系和社会环境，建立完善的养老服务体系，还出台了一系列政策支持老龄工作和老龄事业、老年产业的发展。随着经济的发展，老年人对美好生活的向往，已经不局限于物质生活，转而对精神文化生活提出了更高的要求。

（二）中华传统养老文化的继承与发展

文化是国家和民族的灵魂，文化兴则国运兴，文化强则民族强。中华文明经历了上下五千年的发展和变迁，优秀传统文化历史悠久、博大精深,历经了一代代中华儿女的弘扬和传承,生生不息。中华优秀传统文化是中华民族屹立于世界之林的灵魂和根源,指引着中华民族的价值追求,是厚重的文化实力,是中国特色社会主义核心价值观的根源,在璀璨的世界文化中举足轻重。文化复兴任重而道远,文化的力量最为厚重和持久,这是建设文化强国的精神动力和智力支持。新时代,更要积极弘扬和继承优秀传统文化,推动优秀文化的宣传和教育,不断激发中华民族的凝聚力和创造力,争取中华民族的不断前行。当今世界形势变化莫测,受经济全球化和多元文化的冲击,文化软实力在综合国力竞争的作用日益重要。

养老是中国的优秀文化传统,而"孝"是传统养老文化的核心,"孝"是中华民族的传统美德的基础,尊老敬老是我们中华民族的传统美德。"人之行,莫大于孝""慈孝之心,人皆有之""忠者,其孝之本也""老吾老,以及人之老""百善孝为先",这些孝道名言千古流传,中国自古就有尊老敬老、关爱父母的文化传统,这是传统文化中最根本的价值观念。德国哲学家黑格尔认为中国的特性便是客观的"家庭孝敬"①。中国政府高度重视中华优良传统养老文化的传承和精神文明建设,在2019年10月颁布的《新时代公民道德建设实施纲要》中提出,要自觉传承孝道,要懂得感恩、尊敬长辈、孝敬父母,这是基本的道德规范,是对民族文化的肯定,也是对优秀中华传统养老文化家庭伦理的继承和发扬。

改革开放以来,中国的经济社会发展日新月异,广大人民群众的物质生活条件也不断得到改善。随着社会保障制度的完善,老年人对情感生活、健康身心、人文关怀等精神层面的需求不断提升,文化对养老的积极指引作用愈加明显。文化既是能被传承的传统习俗、行为方式,也是一种被普遍约束的行为规范和伦理观念,在养老和文化融合中,逐渐诞生了文化养老新业态,这是一种更高层次的养老方式。创新养老文化既是对传统孝道文化的践行,又是积极应对老龄化的有效举措。老年人群体是最需要被尊敬、关爱的对象,以先进文化和社会主义核心价值观为导向,探讨适合中国国情和文化特色的养老模式,营造有文化气息的养老,可以坚定老年人群体的文化自信,既提升老年人的幸福指数,又可以提升中国养老服务软实力,最终让老年人在老有所养的基础上实现

---

① 权麟春:《论中华民族优秀传统的伦理精神及其新时代价值》,《马克思主义与中华文化研究》2019年第2期,第123-155页。

老有所乐,活得更加有价值。

(三)养老产业需求巨大

人口老龄化的加剧,给养老产业的发展带来机遇,庞大的老龄人口的基本生活需求、医疗护理需求、住房需求、养老保障需求、精神文化需求给经济市场注入活力。长期来看中国养老市场规模巨大,截至 2020 年,中国养老产业规模已超过 7 万亿,预计到 2030 年将突破 20 万亿[①]。中国已经把养老产业的发展上升为国家战略,近十年来各项利好政策频频发布,在拓宽养老产业融资渠道、提升养老服务质量、扩大养老服务消费、提升养老基础设施建设等方面为养老产业的发展指引道路,使人口老龄化、经济社会发展始终与养老产业的发展同步。2022 年 2 月,国务院印发《"十四五"国家老龄事业发展和养老服务体系规划》,强调实施积极应对人口老龄化国家战略,首次专门提出大力发展银发经济与老龄事业,加大和优化养老服务供给,把积极老龄观、健康老龄化理念融入经济社会发展全过程[②]。

纵观全球产业发展,养老行业规模庞大,在多数国家经济中起到举足轻重的作用。不断加剧的人口老龄化和日益增长的养老服务需求,也给中国养老产业带来无尽的商机。近几年来,如图 1-4 所示,中国养老产业的市场规模持续递增。根据中国老龄工作委员会发布的《中国老龄产业发展报告》预计,2050 年中国老年人口的消费规模将增长到 106 万亿元左右,占 GDP 的比例将增加到 33%[③]。养老市场呈现一片蓝海,既覆盖服务业、医药、地产、金融等传统领域,也涉及包括互联网、适老智能产品等新兴科技领域。尽管养老市场需求巨大,但是中国养老产业仍处于起步阶段,发展规模严重落后于中国飞速发展的经济形势。

[①] 樊晓江:《商业银行发展养老金融的实践探讨》,《金融纵横》2021 年第 7 期,第 11-16 页。
[②] 韩存良:《积极应对人口老龄化 推动老龄事业健康发展——锡林郭勒盟人口老龄化现状及今后发展趋势分析》,《内蒙古统计》2022 年第 2 期,第 59-61 页。
[③] 刘彦华:《五万亿大市场的机遇与挑战》,《小康》2022 年第 1 期,第 25 页。

（万亿）

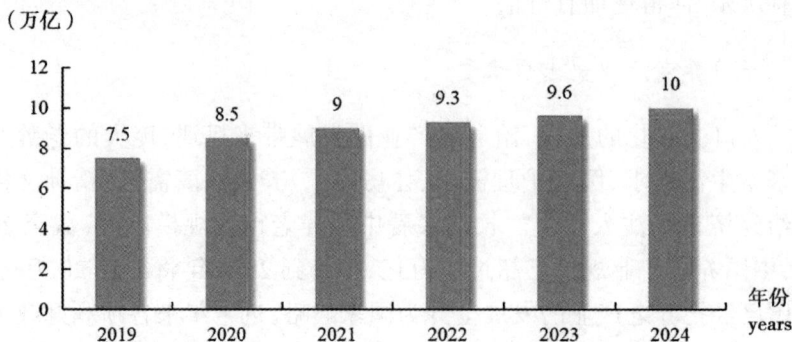

数据来源：前瞻产业研究院

图1-4　2019—2024年中国养老市场规模预测图

中国大部分城市存在"未富未备先老"现象，由于中国进入老龄化社会的时间较短，很多老年人尚未累积足够财富来应对退休生活。据近期世界银行数据显示，2021年中国人均GDP约1.23万美元，是典型的"未富先老"国家。反观欧美老牌的发达国家，人均在4—5万美元以上，其中G7国家平均人均GDP高达54939美元。由于劳动年龄人口的下降和新生人口生育率的锐减导致老年抚养比越来越高，老年人口数量的增长使中国的养老保障制度遭受巨大的压力。围绕进入老年化社会的时间来看，中国所用时间远远少于其他欧美发达国家，如图1-5所示。人口老龄化加重了中国的财政负担，养老金收支不平衡，制约了中国经济的健康发展。纵观全国，中国东部省份整体经济优于中西部地区，一二线城市经济发展也好于三四线城市，因此导致中国经济结构区域差距较大，不同城市老年人收入差距在拉大。医保制度的不完善，致使老年人还面临着疾病、照料等问题，如不妥善解决，长此以往必将引发一系列社会矛盾。

时间（年）

0	20	40	60	80	100	120	140

法国 125

瑞典 82

美国 72

国家

英国 45

世界平均 38

德国 42

日本 24

中国（预测） 23

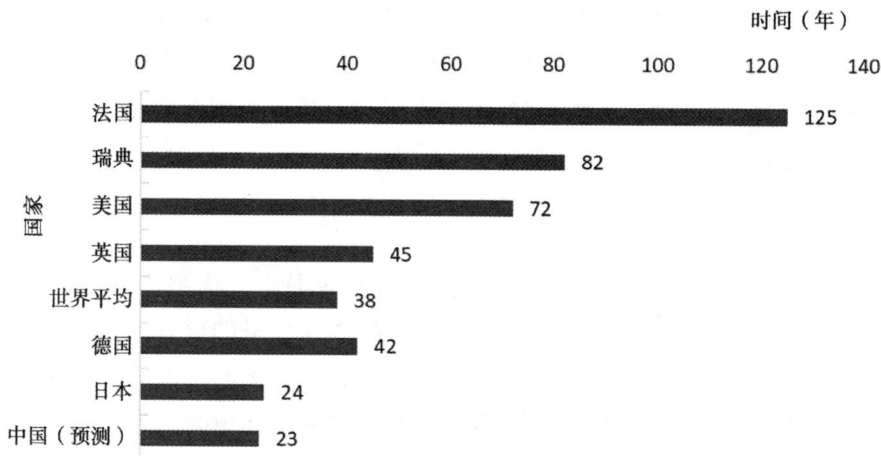

数据来源：世界银行，联合国经济和社会服务部

图1-5 不同国家进入深度老龄化社会所用时间图

二、研究目的与研究意义

（一）研究目的

本书主要为应对中国日趋严重的人口老龄化问题，在人口结构转变、经济结构转型和产业结构升级的经济社会发展背景下，以中华传统养老文化为切入点来探讨中国养老产业的创新发展。以传统文化的视角对养老产业进行研究，不仅能使产业体系更加丰富，也为中国解决养老问题提供新的解决思路、发展理念和实施方向，为更好地解决中国养老产业的发展奠定一定基础。

第一，筑牢中华传统养老文化和中国养老产业发展的理论基础，通过研究相关文献，加强对养老新业态等概念的界定和内涵的挖掘，分析传统文化背景下发展养老产业的可行性和必要性，厘清中华传统养老文化和养老产业之间的逻辑关系。

第二，基于传承中华传统文化的视角出发，来为中国养老产业的发展寻找新的突破口。力争首先准确把握中国养老文化发展的新趋势和养老产业萌生的新业态，而后借鉴国内外以文化兴产业的成功经验，最终提出中国养老产业创新发展的对策建议。

第三，改善以往养老产业定性研究多定量分析少的缺点，结合山东省的调研数据，合理选择评价量化指标，就文化和养老产业的融合情况建立耦合模型进行实证测算分析，从而更科学精准地把握文化和养老产业之间的状态、演变及关联性。

(二)研究意义

经济、健康、精神文化是影响老年人生活质量的三大主要因素[①]。随着经济的转型发展、多元文化的融会贯通、医疗水平的提升和人口结构的变化，积极应对老龄化不能仅仅考虑物质养老，更要统筹满足老年群体的个性化需求和精神养老需求。传统尊老敬老礼俗和道德规范需要年轻一代的延续继承和强化，养老产业的发展亦要经历从传统到现代的转型。文化是产业发展的灵魂与核心竞争力，文以兴业、业以承文，养老产业只有在中华文化的指引下才能适应经济和社会的发展。在中华孝道的精神内核下研究中国养老问题，基于传统文化视角加强对养老产业的研究，具有重要的意义，具体包括如下三个方面。

第一，对于文献领域研究的意义。老龄化的加剧和养老需求的迅速激增，使得中国养老产业链条的发展进入快车道，也引发了政府的高度重视和学者的研究热潮。查阅中外相关研究，围绕老龄化和养老产业的研究颇多，重点基于老龄化的成因分析、老龄化对经济社会的现实影响、养老产业发展存在的瓶颈及政策措施、创新养老服务业等角度。同时，对于弘扬中华传统文化的研究也较多，但是以中华传统养老文化为抓手解决养老产业的创新发展几近空白，以创新传统文化为出发点，从学术的角度积极践行推动落实社会主义核心价值观，以文化引领解决养老民生问题和养老产业的优质发展具有较高的学术价值。

第二，对于实证研究的意义。随着各种模型和算法的完善，通过建立变量与模型成为定量分析的有效方法，从社会学、人口学的视角，有的学者实证预测出未来老龄人口数量、人口自然增长率变化趋势、人口结构的演化等。还有研究从经济学的视角，实证分析了高龄化与储蓄率、人力老龄化与经济增长正负效应、老龄人口与养老市场规模等相互关系。不同于此类研究，本书通过建立评价指标，以有着古老文化和老年人口最多的山东省为研究对象，计算出文化和养老产业的耦合协调

---

① 宋世斌：《中国老龄化的世纪之困——老年保障体系的成本、债务及公共财政责任》，北京：经济管理出版社，2010年，第98页。

度,对于加深文化和养老的融合发展,可提出更有针对性的解决策略。通过调研山东省老年人参与文化养老的现状有利于推动对中华传统养老文化的弘扬和继承。

第三,对于中国发展养老产业的政策建议层面的意义。中国具有独特的传统孝敬文化和家族血缘情怀,中国老年人的养老理念独特,其财富储备、经济状况及养老金融产品的投入低于发达国家,中国人口的老龄化速度快于其他国家,中国的经济规模和产业发展环境、政策环境、文化背景都是独一无二的,因此完全照搬其他国家的经验不可行。秉承孝道文化传统,以老人为根本,走中国特色的产业发展道路,既可以提升中国民众的文化自信和制度自信,还可以在正视中国传统文化和养老产业问题的基础上客观分析养老文化的新趋势和养老产业的新业态,最终继承传统文化的基因,从而推进养老产业的创新发展。

第二节 研究现状

一、文化与养老的相关研究

世界发达国家出现老龄化时间早于中国,因此研究成果较多。Andersen 和 Taylor[1] 研究认为文化可提升老年人晚年的生活质量。Idakahlin 和 Anette Kjellberg[2] 同样研究发现,文化和历史在养老过程中可以发挥积极作用。Miriam Bernard[3] 强调了文化元素在养老中的重要意义。Isabella Paoletti[4] 调研发现老年人文化参与度越高,生活态度就

① Andersen&Taylor, "Sociology: The Essentials", *CA: Thomson Wadsworth*, 2011, pp.30-41.
② Idakahlin, Anette Kjellbeg, "lived experiences of ageing and later life in older people with intellectual disabilities", *Ageing&Society*, vol.4, 2015, pp.6-15.
③ Miriam Bernard. "Ages and Stages: the place of theatre in the lives of older people", *Ageing&Society*, vol.4, 2015, pp.548-550.
④ Isabella Paoletti. "Active Aging and Inclusive Communities: Inter-Institutional Intervention in Portugal", *Ageing International*, vol.5, 2015, pp.47-63.

越积极乐观。Hay Melissa[1]通过自然和文化方面来强调对于衰老的身体和健康的理解。相关研究表明文化与老年生活密切相关,文化因素在养老中可以发挥积极作用。

胡惠林在《文化经济学》一书中详细阐述了文化与经济的关系。文化就是人的生活方式,包括物质的存在和精神的存在两个方面。物质的存在就是人的生产和生活方式,精神的存在就是以此为基础而建立起来的信仰系统、知识系统及其符号与意义的表达系统和生产系统。文化是经济基础的上层建筑,支配和影响历史运动[2]。袁景[3]梳理了中华传统养老文化在当代社会中所遭遇的困境,并进行了社会、家庭、教育、生产关系四方面的归因分析,最后构建出具有中国传统文化特色的养老体系。罗志野[4]围绕中国文化传统与居家养老进行了探究。王楠[5]研究了中国不同历史时期养老文化的发展路径和弘扬孝敬文化的途径。王蕾[6]提出可通过打造多元化文化平台的文化养老之路解决山东省的老龄化问题。王瑾等[7]研究了传承传统养老文化对现代家庭养老的影响及创新性转化。梳理研究发现,传统文化与家庭养老模式、体系的研究较多,而以传统养老文化促进养老产业发展的研究匮乏。

二、养老产业相关研究

养老产业在欧美等国家被称作"银发产业"或者"老年经济型产

① Hay Melissae, Connelly Denisem, Kinsella Elizabeth Anne, "Embodiment and aging in contemporary physiotherapy", *Physiother Theory Pract*, vol.10, 2016, pp.50-241.

② 胡惠林:《文化经济学》,北京:清华大学出版社,2019年,第18页。

③ 袁景:《传统养老文化视角下中国特色养老体系构建研究》,《广西社会科学》2016年第10期,第159-161页。

④ 罗志野:《中国文化传统与养老问题初探》,《江南大学学报(人文社会科学版)》2017年第2期,第48-57页。

⑤ 王楠:《新时代中华孝敬文化的发展路径研究》,硕士学位论文,哈尔滨工程大学马克思主义学院,2019年。

⑥ 王蕾:《积极老龄化视角下的山东省文化养老路径选择》,《泰山学院学报》2020年第2期,第125-131页。

⑦ 王瑾,毛英,肖雯,潘永忠:《传统孝文化在家庭养老中的创造性转化研究》,《教师》2021年第10期,第11-12页。

业"[①],1956 年法国人口学家 B. 皮查特发表的《人口老龄化及其经济和社会涵义》中,最早谈到了人口老龄化和经济社会之间的关系,他构建出养老产业理论的雏形,但是对于养老产业的概念与界定,业内并未制定统一标准。Robert H.Binstock[②] 对美国的老龄化进行了预测,研究指出基于老年选民的政治因素考量,政府逐渐重视养老产业。Schultz 在《老年经济学》系统论述了老年人的经济状况、社会保障、再就业及退休金计划等内容。Joseph A.Califano Jr[③] 研究了美国老龄化和劳动力人口变化对社会保障体系的影响。Kenneth Kernaghan[④] 提出改善产业管理以提高养老产业发展的效率和速度。Browning, MandLusardi, A[⑤] 对比研究了美国、日本、芬兰和瑞典等几个国家的养老产业发展情况,并主要探讨了养老地产和养老旅游的发展情况。Serres, AandPelgrin, F[⑥] 重点研究了美国老年人以房抵押银行获取收益的养老经验。Horioka, C.YandWan, J[⑦] 研究了英国养老产业中社区养老和老人院养老模式的区别。Ali Rammal, Sylvie Trouilhet[⑧] 首次提出考虑老年人的心理特点来发展养老产业的思路。

---

① 杨旭:《中国养老产业发展新思路》,《合作经济与科技》2020 年第 6 期,第 156-158 页。
② Binstock R H, "Aging and the Future of American Politics", *Annals of the American Academy of Politics & Social Science*, vol.415, no.2(1974), pp.199-212.
③ Joseph A.Califano Jr, "Department of Health, Education, and Welfare to the American Federation of Teachers 62nd Annual Convention", *Disadvantaged*, 1978, p.23.
④ Kernaghan K, "Politics, Public Administration and Canada's Aging Population", *Canadian Public Policy*, Vol.8, no.1(1982), pp.69-79.
⑤ Browning, Mand Lusardi, A, "Household Saving: Micro Theories and Micro Facts", *Journal of Economic Literature*, Vol.34, no.4(1996), pp.1797 - 1855.
⑥ Serres, Aand Pelgrin, F, "The Decline in Private Saving Rates in the 1990s in OECD Countries: How Much Can Be Explained by Non Wealth Determinants?", *OECD Economics Department Working Paper ECO/WKP*(2002)/30, 2002.
⑦ Horioka, C.Y and Wan, J, "The Determinants of Household Saving in China: A dynamic Panel Analysis of Provincial Data", *NBER Working Papers 12723*, 2006.
⑧ RammalA, Trouilhet S, "Keeping Elderly People at Home: A Multi-agent Classification of Monitoring Data", *Smart Homes and Health Telematics. Springer Berlin Heidelberg*, 2008, pp.145-152.

　　国内学者张文范[1]最早提出"养老产业"这一概念,探讨了产业内涵与产业范围,但并未提出具体的发展模式。朱丽荣[2]探讨了基于中国的特殊国情来发展具有中国特色的养老产业的对策,提出以人为本的产业发展思路。杨立雄,余舟[3]系统梳理了美国、欧洲和日本养老服务产业概念的发展变化以及养老服务理论的变迁,对中国养老服务产业概念进行了明确的界定,最终在此基础上构建出中国特色的服务产业理论体系。吴舒钰[4]以中国31省数据实证讨论以政企合作方式推动养老产业创新发展。刘杰[5]提出要以老龄产业自身特点来发展老龄产业。周自力[6]研究指出中国养老产业发展的阻碍是养老设施和养老人才的不足。张赛金[7]定量分析了养老产业与其他产业的关联程度,对老年消费进行了计量预测,以投入产出视角指导中国养老产业的发展。在养老产业和其他产业融合发展方面,朱波和木开代斯·赛依代克力木[8]讨论了"医疗＋养老"的康养旅游新模式。郭容和全锐[9]测算了西北地区养老产业和文化产业的耦合度。刘成菊等[10]构建了养老产业和体育产业的融合发展。薛原[11]研究了中医药健康产业和养老产业的融合发展。韦舒[12]定

① 张文范:《顺应人口老龄趋势推进老龄产业发展——在中国老龄产业座谈会上的讲话(1997年5月28日)》,《市场与人口分析》1997年第4期,第4-7页。
② 朱丽荣:《中国特色养老产业的现状及对策研究》,《哈尔滨职业技术学院学报》2017年第5期,第101-104页。
③ 杨立雄,余舟:《养老服务产业:概念界定与理论构建》,《湖湘论坛》2019年第1期,第24-38页。
④ 吴舒钰:《基于政企合作的中国养老产业创新发展研究》,硕士学位论文,辽宁大学,2019年。
⑤ 刘杰:《中国老龄化社会下养老产业发展研究》,《中国市场》2020年第8期,第57-58页。
⑥ 周自力:《中国养老产业发展路径探索》,《农银学刊》2021年第6期,第52-54页。
⑦ 张赛金:《投入产出视角下中国养老产业的经济效应及预测分析》,硕士学位论文,广东外语外贸大学经济贸易学院,2021年。
⑧ 朱波,木开代斯·赛依代克力木:《"医疗＋养老"视角下康养旅游产业新模式探析——以扬州市为例》,《旅游纵览》2021年24期,第151-153页。
⑨ 郭容,全锐:《西北地区文化产业和养老产业融合发展的耦合协调度研究》,《经营与管理》2022年第2期,第174-179页。
⑩ 刘成菊,唐小慧,刘玉:《人口老龄化背景下四川省体育产业与养老产业融合发展研究》,《商业经济》2022年第4期,第51-53页。
⑪ 薛原:《江苏省中医药健康养老产业融合发展探讨》,《亚太传统医药》2021年第11期,第8-11页。
⑫ 韦舒:《广州市保险业与养老产业融合发展研究》,硕士学位论文,广东财经大学,2019年。

向研究了广州市养老产业和保险业的融合发展。陈茵[①]以福建省为对象研究了养老地产与关联产业的融合。

梳理文献发现,对于养老产业某一具体领域研究得多,例如对养老服务业的研究较为集中。研究对象较多集中在省域层面,研究的领域和深度还存在一定的局限性:第一,缺乏基础理论研究。对一些具体概念如旅游养老、文化养老等概念的界定和基本内涵的相关研究不够深入,现有研究缺乏统一坚实的理论支撑。第二,研究视野不够宽阔,极少基于中华传统文化视角出发,对于其他国家文化因素对比性研究不多。第三,定性研究多,定量分析匮乏。相关研究在问题描述层面居多,调查研究相对少,因此对养老产业发展的相关策略建议缺乏数据支撑。基于以上相关分析,本书从中国传统养老文化背景入手,强化文化统领,针对人口老龄化现状、弘扬传统文化必要性以及养老产业发展现状开展研究,在借鉴国外以及国内城市的基础上加强对养老产业新兴模式的研究,最终构建出符合中国文化传统的养老产业创新发展路径。

第三节　研究思路与方法

一、研究思路

首先,通过对中国社会、政治、经济、文化和政策环境的研究,梳理传统养老文化和养老产业的理论基础,分析传承传统文化和发展养老产业的意义,并探寻二者之间的关系;其次,归纳传承传统文化和养老产业发展中存在的问题,以山东省为例通过问卷调查的形式,定量测算文化和养老产业的耦合协调度;最后,通过把握中华传统文化下养老产业发展的新趋势和新业态及借鉴国内外经验借鉴的基础上,提出中国养老产业创新发展的对策建议。

[①] 陈茵:《产业融合视角下养老地产发展的实证研究——以福建省为例》,《华北理工大学学报(社会科学版)》2021年第5期,第30-35页。

二、研究方法

（一）文献资料法

收集相关的文献资料，归纳与总结与传统养老文化和养老产业相关的相关观点和结论，并以此为基础进行创新研究。把握传承养老文化和养老产业的发展现状及存在问题，根据已有理论基础，对传统养老文化背景下养老产业发展的新趋势和新业态进行重点研究。

（二）实地调研法

采取实地调研和现场访谈法，采取线上与线下相结合的方式，在山东省主要城市的广场、公园、小区及老年活动中心发放问卷，对于部分不便作答的老年人，采取志愿者或子女代答收集，对于部分熟练使用手机的老年人采用线上作答形式。通过与老年群体及子女的问卷调查及谈话，全面了解老年人对传统养老文化的认知、对文化养老的了解参与及建议，掌握山东省文化养老模式与老年人实际的养老需求，把握文化养老的发展现状、存在问题。

（三）比较研究法

比较研究法是根据同类事物的相似程度进行对照比较的方法。新加坡和日本老龄化程度较深，养老产业发展令人称道。因此，通过对新加坡、日本等国家的文化因素和养老产业协调发展的成功经验进行比较，可为中国的养老发展路径提供一定的借鉴。

（四）定量研究法

通过查询2016—2020年《山东省统计年鉴》和山东省国民经济和社会发展统计公报、中国国家统计局网站公布数据等建立文化和养老产业的耦合协调度模型，利用系统耦合的视角对山东省文化和养老产业的融合发展进行定量分析研究，掌握山东省文化和养老产业的融合现状。

三、创新点

（1）本书的人口老龄化数据基于 2020 年底的第七次人口普查数据，对于中国老年人口结构的把握和老年产业的发展更具针对性和时效性。

（2）目前对于养老产业的研究较多，但目前的研究缺乏历史性和文化性的考察，基于传承中华传统文化理论的角度，来推动中国养老产业的发展，有助于丰富和充实具有中国特色、符合中国国情和文化传统的产业发展路径。在传统文化与现代社会的结合的基础上，提出中国养老产业的发展理论具有一定的创新性。

（3）探讨养老产业的发展新趋势和"养老 +"新业态，可丰富养老产业新模式，重点探讨"文化 + 养老"养老模式，结合山东省数据进行定量实证分析，弥补既有定性分析为主的研究缺陷，可有效解决中国老龄化问题，实现文化强国战略，在借鉴国内外经验的基础上推动养老产业的创新发展。

第二章　中华传统养老文化及养老产业基本理论

第一节　中华传统养老文化

一、中华传统养老文化的内涵

中华传统文化历史悠久,博大精深,是中华民族屹立于世界文化之林的不朽丰碑。中国的历史经验告诉我们,新时代更应该重视传统文化的传承和创新,传统尊老敬老礼俗和道德规范需要一代又一代中华血脉的延续和继承。推进文化自信,力争实现文化强国和传承发扬优秀传统文化已经上升成为中国的国家战略。中国传统文化是以汉族文化为主体,以儒家思想为基础的多民族文化不断交流借鉴的文化体系。中国传统文化是指居住在中国境内的中华各民族及其祖先所创造的、为中华民族世代继承发扬的,极具鲜明中华民族特色的、历史特别悠久的、内涵博大丰富精深的传统优良的文化①。中国传统文化的特点是由中国特定自然历史条件造成的,主要包括:强大的生命力和凝聚力,以伦理道德为核心力量,朴素的思想基础,突出的人本精神和求真务实精神,自强不息的奋斗精神等。中西方文化的区别在于中国崇尚"人文"而西方偏重"科技"。

中华传统养老文化以儒家孝道文化为基础,主要指宏观上涵盖全社

① 黄高才:《中国文化概论》,北京:北京大学出版社,2011年,第16页。

会和微观上以家庭为单位为老年人提供物质上的供养、日常护理照顾、精神陪伴等内容的思想意识观念、社会道德伦理、价值目标取向和制度行为规范。还有的学者提出传统养老文化的内涵不但涵盖尊老养老敬老，要实现物质供养与精神供养的相互统一。也有学者提出传承传统养老文化，主要是树立新时代孝道观和崇老意识，培养尊老敬老观。

（一）"孝"是传统养老文化的渊源和核心

"孝"是中国传统文化的核心，是社会的根基，道德的源泉，人性的根本。"孝"观念在商代已经产生，但是尚不成熟，西周时期成为较为普及的伦理观念，《尚书》《周易》《诗经》关于孝的论述较多，孝既包含尊祖敬宗又包括传宗接代，是一种封建宗族伦理。《尔雅》定义"善事父母为孝"①，汉代贾谊《新书》定义"子爱利亲谓之孝"②。儒家创始人孔子既继承了西周的"孝"又进行了适当的创新，更强调对父母的"敬"，"敬"是孝道的精神内核，不但要在物质对父母进行供养，还要在人格尊重和精神慰藉上敬重父母，实现了孝从宗族伦理到家庭伦理的过渡。曾子继承了孔子的儒家孝道思想，并将孝道推广成为一切高尚品行和善行义举的本源力量，《大德礼记·曾子大孝》将孝从家庭伦理泛化为人类社会成员均需遵守的社会法则。孟子也对孝道进行了继承发展，《孟子·万章上》"孝子之至，莫大乎尊亲"③体现出孟子将尊亲上升为人生最高道德。孟子将儒家孝道推向封建君主，使儒家孝道开始接近上层政治建筑。孟子论证了"孝"的合理性，加强了孝道文化对中国传统文化的影响。曾子理清了孝道文化的思想脉络，使得孝道理论更成体系，孝道成为比较完备的伦理道德规范。秦汉之际的《孝经》，更进一步丰富了孝道内涵，将平民百姓的孝律，上位至天子诸侯之孝，伦理与政治实现结合。两汉时期，统治者开始普及孝道并将其上升为社会的主流道德观念。时至今日，中国都把孝视为立身安家之本，亦是国家安康和人类社会延续之本。

---

①　（晋）郭璞：《尔雅注》，周远富、愚若点校：《尔雅》释亲第四卷，北京：中华书局，2020年，第116页。

②　苏州市传统文化研究会，昆山市顾炎武研究会：《传统文化研究》，苏州：苏州大学出版社，2020年，第21页。

③　张可越：《先秦儒家的民本思想与政治美学》，博士学位论文，厦门大学，2019年，第13页。

（二）尊老敬老是传统养老文化的主要思想

尊老敬老是中华民族薪火相传的传统美德，万善德为本，百行孝为先，尊老敬老既是传统，也是文化。周代实施"养疾之政"[①]，官府定期看望老年人，且定期进行体检。先秦时期，社会各阶层提倡养老、敬老的行为，汉朝颁布了中国历史上最早的老年人权益保障法，以忠孝作为选拔官吏的标准。魏晋南北朝时期重视对子女孝行的褒奖，制定了一系列的尊老敬老措施，创立中国历史上第一家养老院——孤独园。隋唐时期颁布《养老令》，还减免老人的税赋和徭役。唐律规定子孙必须赡养侍奉老人，否则要被问罪。宋元时期更加注重对家庭养老行为的奖惩，规范民众尊老敬老，宋神宗开设了"居养院""养济院"等具有社会性的慈善养老机构来赡养老人，民间养老院也相继问世。元朝同样重视养老，建立了老年人收养救治制度。明朝政府在《大明律》详细规定了孝敬老人、赡养老人等行为，严惩不孝。清朝对老年人实施赐食制度，开办官办养老机构"施棺局"，开办民办"功德林粥厂"收养老人，还引入民间资本助力养老。由此可见，从古至今中国历代君王重视尊老敬老的德行教化思想，各朝各代政府积极推动养老制度的建立，无不在社会层面形成尊老敬老养老的社会氛围。

（三）家庭养老是养老文化的主要体现

家庭养老以血缘关系为纽带，是依靠年轻家庭成员承担养老义务的一种养老模式，这是古代养老的主要方式。农耕文明的古代，养老的保障完全来自家庭的供养。周代实施"八十者，一子不从政；九十者，其家不从政"[②]，即老年人家庭养老可减免子女的徭役。汉律规定不赡养家庭老人处弃市之刑，即在闹市处死以警示他人，可见当时官府对家庭养老的监督之严格。北魏时期，中国首创了"存留养亲"[③]制度，为保障犯人的长辈老有所养，对罪犯也采取减刑或缓期执行，这是古代家庭养老重要性的体现。明朝朱元璋为保障家庭养老，可免除供养父母的一名儿

---

① 周怀宝：《先秦时期养老礼制研究》，硕士学位论文，河北师范大学，2021年，第23页。
② 许宁宁：《荀子经学思想研究》，博士学位论文，湖南大学，2020年，第98页。
③ 王宇超：《清代存留养亲制度研究》，硕士学位论文，辽宁大学，2020年，第8页。

子的所有徭役。清代,家庭养老的法律更加苛刻,家庭中老人倘若因老无所养而自杀,那么儿子会被以过失杀人罪定罪。自古代以来,构筑于血缘关系上的家庭是养老最重要的载体,居家养老有着悠久的历史和文化传统,这是对传统孝道文化的继承,"养儿防老"就是最为朴素直观的家庭养老,在物质层面上子女要满足父母衣食住行的需要,在精神层面上体贴关爱父母。家庭养老区别于社会养老,家庭养老是情感和生命的延续,以家庭为单位养老的道德观念深深扎根在中华民族的思想深处,形成了现代社会所必须遵守的道德准则和行为规范。

二、弘扬中华传统养老文化的意义

中华优秀传统养老文化在中国的文化建设中起到了培根铸魂的作用,虽然"孝"文化具有一定的封建性和时代特色,但是尊老敬老爱老的优秀传统应该在满足现代需求中得到继承和发展,要引导传统养老文化实现创造性的转化和创新性发展。对于家庭和社会养老,孝文化还有着重要的借鉴意义。弘扬传统养老文化,对积极应对人口老龄化,推动中国养老产业的发展以满足不同的养老需求发挥着重要作用。

（一）传承孝道文化,以树立良好家风

传统孝文化是中华优秀传统文化的重要组成部分,孝道指引着一代代中国人的养老,孝道是弘扬传统美德和传承优良家风所必不可缺的重要元素,有利于家庭成员道德意识的提升和家庭美德的塑造。孝文化是家国意识的感情联结和道德基础,对家庭和谐稳定起着最重要的作用。尊老养老是中华民族的传统美德,也是维系家庭养老的基石。"家有一老,如有一宝",老年人是家庭的财富,老年人为家庭和社会创造了财富和价值,理应在颐养天年的年龄受到尊重,家风不仅影响老年人的生活质量,还影响到整个家庭甚至社会的和谐,通过传承孝道文化可增强家族成员的道德责任感。

由于我国存在着未富先老现象,这种特殊的国情决定了家庭养老是我国在未来很长一段时间内的主要养老模式。对于那些低收入或无收入老年人,养儿防老具有普遍意义,尤其是在农村地区,很多老年人没有劳动收入,只能通过儿女赡养来保障基本生活和老有所养。儿女继承中华传统美德,自觉履行养老义务,是构建和谐家庭的保证。随着生活水平的提高,老年人对情感的需求越加旺盛,作为子女应该加强道德品质的教育和良好家风的培养,尊老敬老孝老。老人的生活满意度越高,则家庭的幸福度就越高。家庭是社会的最小单元,家庭和谐可以推动社会和谐,良好的家风对践行社会主义核心价值观具有重要的意义。

(二)营造尊老敬老氛围,以构建和谐社会

随着老龄化程度的不断加深,如何破解养老难题,成为关系民生福祉的大事[①]。孝文化作为意识形态中的主流思想,对于中国社会稳定和文明进步起到定海神针的作用。通过弘扬养老敬老传统、打造老年友好型社会,对推动中国精神文明建设和和谐社会建设等方面有积极作用。从政府层面来看,更需要在全社会营造孝亲尊老敬老氛围,开展丰富多彩的尊老敬老社会活动,在吸收传统养老思想的基础上落实各项优抚优待政策,保障老年人的合法权益。同时,引导老年人发挥余热、传播正能量。

通过对尊老爱幼传统文化的传承与推进,可提升民众的道德水平,培养年轻一代孝敬父母的道德情操。力争丰富老年人的精神文化生活,努力传递社会对老年人的关爱,营造良好的社会环境。在学校、社区等场所开展尊老爱幼的宣传教育活动,让青少年感受传统文化的时代气息。通过开展系列表彰文明榜样模范事迹的评选活动,培养民众在养老中的争优树先意识。总之,大力弘扬创新传统养老文化,必将能够促进中国的家庭幸福、社会稳定和国家的长治久安。

(三)突出文化内核,提升养老产业的发展质量和水平

"叶落归根""少小离家老大回"这是中国人对家的坚守与眷恋,居家安享天伦之乐是中国传统和文化特色。中国传统养老文化具有鲜明的地域性和民族性,"父母在不远游""儿孙满堂"的幸福感,子女触手可及的物质供养和精神慰藉,对"家"的热爱与向往,使得大多数老年人最中意居家养老方式。但是,随着老龄化和少子化的加深,养老保障不足,家庭养老功能逐渐弱化,空巢家庭增多,因此,中国养老产业必须在基于中国的特殊国情和中华传统文化特色的基础上实现创新性发展。

---

① 王巧玲:《城乡接合部老年人养老问题的政府作用探究——以大连高新区为例》,硕士学位论文,辽宁师范大学,2014年,第9页。

作为朝阳产业的养老产业,必须以传统文化为依托,注重产业的公益性和福利性,没有文化的产业不是良性的产业,孝道文化要和企业文化融合,让优秀传统文化成为产业发展的道德基础,让优秀文化为引领实现养老产业良性发展。

伴随着中国养老产业的发展,中华传统养老文化在文化传承中可实现创造性转化和创新性发展。推动中华传统孝道文化在各养老产业主体中的传承,可有效弥补传统家庭养老的缺点和不足,对于具有中国特色的养老服务体系的建立、多样化养老需求的满足、老年生活质量的提升、引导养老产业的发展方向等具有重要意义。来自家庭的照料关爱是难以替代的,因此养老资源应该向社区和养老机构适当倾斜,通过设施适老化改造提升家庭养老能力,创新家庭养老床位,完善社区养老服务机构,扩大照护险使用范围,通过旅游养老、文化养老、智慧养老满足老年人的精神文化需求以传承尊老敬老爱老助老的优良传统。

三、继承和发扬中华传统养老文化存在的问题

(一)政府的重视程度不足

虽然中国已经出台了一系列的政策来保护、继承和发扬中华传统养老文化,但是保护的力度不够强,配套措施不够具体、明确,实施细则落地还存在一定困难,与其他国家存在一定差距。在对传统文化和文化产业的扶持上,政策还不够齐全,资金扶持力度不够大。在对传统文化的保护上,文化政策存在明显不足,保护范围比较狭窄,不利于中国本土文化安全。政府对文化企业的关注度不够高,文化双创支持力度不足。中国需要从国家层面制定继承、发扬、创新中华优秀传统养老孝老文化的发展战略和细则,挖掘文化内核,充分发挥政府和市场的作用,引导社会和民间力量广泛参与传统养老文化的传承,最终形成利于保护和发扬优秀传统文化的社会环境。

(二)传统文化教育缺失

优秀养老文化的传承是一个耳濡目染、潜移默化的过程,道德的培养贯穿人的一生,民族意识的觉醒和文化的传承需要社会教育、学校教育和家庭教育合力。首先,生活水平的提升,使得人们对精神文化类的

需求增加。社会民众的文化观、价值观不断被新的社会认知和理念刷新，社会教育的缺失使得传统道德观念发生改变，传统文化生态遭到破坏，传统节日受到外来文化的冲击，其影响力在逐渐降低。由于历史原因和西方思潮的排斥，传统孝老文化在社会教育中的缺失愈加严重。其次，学校教育中传统养老孝老文化课时被打折扣。学校尽管倡导德智体美劳教育，但是中小学老师更加关注的升学率，大学更关注的是就业率，这些都导致学校教育中德育教育不够深入，学生民族传统文化观念淡薄。最后，家庭传统文化教育的缺失，幼儿对传统文化的启蒙教育较少。家长往往更多关注孩子的智力、才能和学习成绩，对孩子的教育更多是知识教育，农村儿童由于长期与父母分离，更缺少孝老文化的传承教育，等到这批幼儿成年，他们对于传统养老更加陌生。

（三）遭受多元文化冲击

一方面，中国是一个多民族国家，实行民族区域自治制度，各民族和平共处，长期以来多样性的民族文化共同孕育了中华文明，丰富了中华优秀传统文化的内涵，但是多民族文化也给中华文化带来了挑战[①]。少数民族往往对本民族的文化情感深厚，民族价值观根深蒂固，对其他民族的文化不够认同，少数人持一定的排外情绪，影响中华传统文化的凝聚力。另一方面，改革开放以来，西方文化开始传入中国，在享乐主义、利己主义、拜金主义等各种多元文化的冲击下，中华传统文化受到挑战。网络技术和通信手段的发达，全球一体化进程的加快，使得进入中国国门的西方电影、节日、饮食文化骤增，都影响了年轻一代。圣诞节、情人节、感恩节等节日在各种公共场合过度渲染，反观中秋节、端午节、清明节等传统节日的影响力却在降低。过于强调自由、个性、利己的文化观严重误导了中国人的价值观，部分外来文化会对传统文化的继承和发扬产生消极影响，中华传统伦理道德也随着过于强调个体价值而被动摇，传统的尊老孝老理念存在被弱化的风险。

（四）家庭观念的淡化

中华传统孝道的根基是建立在有血缘关系的家庭上，但是由于传

---

① 黄睿：《新时代大学生中华民族共同体意识精准培育研究》，硕士学位论文，桂林电子科技大学，2021年，第33页。

统养老文化教育的缺失,导致中国的养老模式发生变革,家庭养老功能不断被弱化。受儒家思想的影响,中国形成了以家庭养老为主的养老模式,养儿防老的观念根深蒂固,无论从较低的经济成本还是心理环境的舒适度来说,老人都适合在熟悉的环境中养老,但是随着经济因素和文化理念的变化,传统的居家养老模式逐渐向社会养老转变,一方面"四二一"的家庭结构产生的居家养成本使得青年人难以承受,另一方面青年人受新思潮和新文化观念的影响,降低了对中华传统养老文化的重视,不再像过去一样注重家庭养老模式。中国历代政府制定了许多关于养老的法律法规,在现代社会中国《宪法》和《老年人权益保障法》也规定了子女对父母的赡养义务,但是传统养老文化受西方文化、计划生育政策、老龄化等因素的影响,中国传统的家庭观念在逐渐淡化。

四、中华传统养老文化的当代价值

养老文化是中华优秀传统文化的重要组成部分,是中华民族代代相传的最为宝贵的精神财富,也是中华文明延续的保证。孝道在中国文化中有着深远的影响,体现了中国人重视家庭、尊重长辈和强调亲情的价值观。中华孝道养老文化在中国社会具有深厚的历史和传统基础,并且仍然对现代社会产生着重要的影响。尽管现代社会的价值观有所变化,但孝道作为中华文化的重要组成部分,仍然被许多人尊重和秉承。孝道文化不仅体现了家庭的重要性和亲情的价值,也在一定程度上影响着中国社会的道德观念、家庭伦理和社会和谐。因此,老龄化社会下继承和弘扬中华传统养老文化,需要深刻理解传统文化的当代价值[1],主要围绕个体、家庭、社会、国家四个层面来彰显传统养老文化价值体现[2]。

对个体而言,践行养老孝道文化可以培养道德人格[3]。古人云:人之

---

[1] 柴永昌:《中华传统孝道的基本精神及当代价值》,《华夏文化》2022年第2期,第4—8页。
[2] 牟娇:《传统孝道的当代价值及弘扬研究》,硕士学位论文,西南政法大学,2020年,第19页。
[3] 田思虹:《论孔子孝道思想及其当代价值》,《法制博览》2018年7月(中),第250页。

行,莫大于孝,百善孝为先[①]。传统孝道伦理有利于个体德行人格与高尚品德的建立,也为个体提供道德原则与公共行为规范指导[②]。具体来说,传承传统养老文化使个人培养起尊重长辈、关爱他人的品质。传统养老文化有助于建立和维护家庭的和谐关系,个人传承孝道文化,能够促进家庭成员之间的相互理解、尊重和支持,增强家庭凝聚力,创造温馨和睦的家庭环境。传承传统养老文化有助于个人建立良好的道德准则,这些道德准则对于个人的行为和决策具有指导作用,帮助个人建立起正确的道德观念,培养个人的责任意识和奉献精神,增强社会责任感。整体来说,传承养老文化有利于立德树人,培养现代中国人的道德责任感,提升公民的整体道德素质[③]。

对家庭而言,中华传统养老文化既是家庭黏合剂,也是家庭美德传承、老年人精神养老的保障。家庭是中国传统养老的绝对主体,更是传承传统养老文化的主要载体。孝道是中华传统养老文化的核心价值之一,通过传承孝道,可以保留和弘扬中华传统文化的精髓。通过子女对父母的尊敬、关爱和照料,家庭成员之间建立起深厚的情感纽带。传统养老文化源于家庭宗法道德,也是社会规范和政治规范。孝道作为政治规范,成为封建社会历代君主取得社会长治久安的社会根基[④]。《周易》有云:"正家而天下定"[⑤],家庭和睦有助于天下安定。家庭成员相互支持、相互关心,共同面对生活中的挑战和困难,增强了家庭的凝聚力。父母通过传承孝道的教育方式,培养子女正确的价值观、道德观念和行为准则。

对社会而言,中华传统养老文化符合老龄社会的需要,是中国社会道德伦理与意识形态的基础。养老文化作为传统文化的重要组成部分,有助于社会主义核心价值观的传播。社会主义核心价值观是传承传统文化、发展养老产业的价值引领,以其独有的生命力、感召力、向心力与

---

① 曹云昌,杜锡刚,孔今:《百善孝为先》,东营:中国石油大学出版社,2015年,第1页。
② 王文娟:《传统孝道伦理的存续动力及其现代转化》,《湖北工程学院学报》2022年第5期,第5-11页。
③ 肖群忠:《传统孝道的百年境遇与当代价值》,《船山学刊》2021年第1期,第9-16页。
④ 官兰一:《中国传统孝道及其当代价值研究》,硕士学位论文,中国计量大学,2018年,第11页。
⑤ 孟久琳:《传统家训中的孝道教化及其当代价值》,《湖北工程学院学报》2020年第1期,第12-16页。

辐射力等对现代养老发挥引领作用[1]。"老吾老,以及人之老"[2]的养老文化可以帮助社会成员理解和继承尊敬长辈、关爱老人的道德观念,塑造正向的价值观,推动社会道德规范建设。养老文化的传承有助于社会的和谐稳定,也有助于培养公民的社会责任感。中华传统养老文化作为中华传统文化的核心价值观和精髓,可以激发出社会成员对中华文化的自豪感和认同感,帮助全体公民树立共同的道德理念,推动中华文化在社会中的传播和发展。

对国家而言,弘扬中华传统养老文化是中国努力实现传统文化创造性转化、创新性发展的具体实践,是中华民族文化复兴的光明坦途[3],也是中国文化自信的体现。传统养老文化具有鲜明的民族特色和时代特性,是繁荣社会文化的根基所在,可为人类社会的发展提供中国能量[4]。传承养老文化有助于增强国家的凝聚力,可以加深国民对中华文化的认同和情感连结,增强国家意识和凝聚力。孝道的传承将家庭、社会和国家联系在一起,形成一个紧密的命运共同体,可以推动国家的统一、繁荣和发展。孝道是中华文化的瑰宝之一,传承孝道对于传承和弘扬中华传统文化具有重要意义。孝道的传承不仅是对传统文化的继承,也是对国家文化遗产的保护和传播,可以提升中国在国际社会的文化影响力。

第二节　养老产业

一、养老产业的概念

简单来说,养老产业指专为老年人提供产品和服务的产业。养老产业并非独立产业,是随着人口结构的变化而出现的新兴产业,是指为老

---

① 徐小燕:《新时代养老观及其实践路径研究》,硕士学位论文,安徽医科大学,2022年,第36页。

② [战国]孟轲:《孟子》,张文修编译,北京:燕山出版社,2002年,第10页。

③ 雷显腾:《中国传统文化的现代化路径研究》,《古今文创》2023年第7期,第119—121页。

④ 邓丽娜:《新时代文化自信及其培育研究》,博士学位论文,东北师范大学,2022年,第37页。

年人提供服务、设施、特殊商品[1]，满足老人和有养生需求人群特殊养老需要的产业链，是传统第一二三产业衍生出来的综合性产业，具有交叉性、公共性、复利性和营利性[2]。按照中国国家统计局令30号《养老产业统计分类（2020）》中对养老产业的具体规定[3]：养老产业主要分为老年照护、老年社会保障、养老金融、老年医疗、老年设施建设、科技与智慧养老、老年教育和人力资源、养老公共管理、老年健康促进与社会参与、老年用品及其相关产业等分类。

二、当代中国养老产业的发展历程

自中华人民共和国成立以来，中国养老产业发展大致分如下三阶段[4]。

第一阶段：1979—1999年：养老产业萌芽期。中华人民共和国成立之初，百废待兴，由于老年人口较少，养老问题不是中国社会主要矛盾，养老产业的发展处于空白期。改革开放之后，受人口红利影响，中国经济发展迅速，为养老产业的诞生奠定物质基础[5]。1982年中国实施计划生育基本国策，出生率大大降低。经历了人口结构的变化，1999年中国开始进入老龄化社会，此时养老产业的发展几乎空白，这个阶段处于发展的萌芽期。

第二阶段：1999—2012年：养老产业发展的初级阶段。随着国家政策的导向和区域经济的不均衡发展，城乡老年人的收入差距拉大。从经济上看，东部沿海的经济好于中西部地区。从老龄化程度看，东部地区的老龄化程度也高于西部。从老年消费看，经济水平的好转使老年人的需求逐步呈现多元化的特点，但由于退休人员的养老金普遍不高，老年人的消费能力和购买力不足。从养老产业投入看，由于养老产业具有投入大、周期长、利润低的特性，养老产业偏向于养老事业，政府主办较

①　王怡：《上海老龄产业发展现状分析及对策建议》，《产业与科技论坛》2011年第11期，第19-20页。

②　孙智慧：《中国养老产业投资的商业模式研究》，成都：电子科技大学出版社，2020年，第6页。

③　彭希哲，陈倩：《中国银发经济刍议》，《社会保障评论》2022年第4期，第49-66页。

④　朱玥颖：《中国养老产业供需测算与结构优化研究——以城乡融合为视角》，北京：人民日报出版社，2019年，第30页。

⑤　余红艳：《人口老龄化对地方财政可持续性的影响研究》，《财经问题研究》2022年第11期，第100-109页。

多,发展比较缓慢。从老年市场看,此阶段老年市场虽然发展比较迅速,但是养老企业对老年人提供的针对性服务和产品不够精准。

第三阶段:2013 至今:养老产业的市场化阶段。经过几十年的发展,中国经济跃居全球第二,老年人的退休金连年上调,购买力不断提升。2013 年,养老产业进入市场化阶段,鼓励养老产业发展的政策相继颁布,中国及国际地产、保险、医疗保健的龙头企业进军养老市场,科技养老、智慧养老陆续发展起来,尤其 2017 年以来互联网技术与养老的融合愈加深入。虽然资本大量涌入老年市场,但是由于商业模式尚不够成熟,养老企业专业化不高、同质化严重,导致不少企业处于亏损状态。人口老龄化还导致退休人员增多,国家养老金储备压力增大。对老年群体来说,衣食住行及医疗保健是目前这个阶段老年人的主要需求,保险、照护、文旅、智能适老器械开发、互联网相关消费将成为未来养老产业发展的重点。

三、中国养老产业发展存在的问题

中国养老产业发展态势良好,但是整体发展水平不高,尚处于发展的初级阶段。养老产业各业态的发展不够均衡,如养老服务业的发展整体好于养老金融业,养老地产发展盈利模式相对不够成熟。中国家庭养老模式单一,居家养老服务需求尚未完全满足。老年养老需求旺盛,但养老产品的供给不足。不同区域养老产业的发展差距也比较大,养老保障体系不够健全。养老产业发展资金来源还需拓展,由于养老产业兼有公益性与市场性,影响了产业化进程。

(一)部分传统养老观念和生活习惯阻碍养老产业健康发展

"养儿防老"和"父母在,不远游"是对中国传统养老观念的写照,老一辈在年老失去劳动能力以后,希望享受到儿孙满堂的天伦之乐和源自家庭的供养。儿女有责任也有义务去孝敬赡养老人,但是家庭养老为主的传统养老模式不断受到当代现实生活的冲击,一方面老年人不愿意去养老院或者其他养老机构,无论源自心理上的孤独感还是物质供养条件的缺失,不少传统老年人排斥社区或机构养老,甚至觉得无颜面见亲朋好友;另一方面,儿女们受到世俗观念的影响,怕背上不孝的骂名忍辱负重。因此,这种传统的观念导致居家养老模式越来越不堪重负,儿女的工作压力、较快的生活节奏、不断上涨的生活成本以及时间精力的不充沛都成为家庭养老的包袱，严重影响老年人的生活质量和家庭的和谐，更不利于中国养老服务业的健康发展。过分依赖于家庭的中华传统文化的养老观念和现代社会的福利化养老模式存在着冲突，这阻碍了中国养老事业的产业化进程[①]。

除此之外，中国老年人奉行勤俭节约的生活习惯，不少老年人的退休金没有用来安享晚年，反而补贴儿女家用，更没有尽早进行养老金的规划。还有些老年人由于对保险业的不了解，未购买个人商业医疗险，导致无论是医疗还是护理等风险随着年龄增大不断加大，老年人的抗老风险能力较为脆弱，长远来看不利于中国养老金融业的健康发展。还有很多老年人把大把时间全部用在孙子辈幼儿看护和接送，从而没有独立的时间和精力去参加文化、旅游或其他休闲活动，心理负担较重，没有机会倾诉。还有些老年人对于互联网存在陌生感，不愿意去接近智能产品，给智能适老产品和服务的推广、智慧养老产业的发展带来一些阻碍。另外还有些老年人对房产的执念较深，对养老地产的认识不够深入，不同于美国或日本老年人热衷的住房反向抵押，中国老年人往往将房产视为最重要的资产，不愿意抵押给银行或其他机构。还有些老年人极力反对老年人再就业，这不利于老年人力资源的开发，不利于缓解中国政府的社会保障负担，也不利于老年保障能力的提升，从而影响中国养老产业的整体发展。

（二）养老产业政策法规不够健全，落实、执行、监督有缺位

近年来，中国出台了多个老龄事业发展和养老体系建设的规划、国民经济和社会发展的规划，还有关于规范养老机构、养老院管理方法和服务质量的实施意见，以及推进养老服务发展、提升养老服务质量、扩大养老服务供给消费的意见等。仅2021年中央各部门合计发布40余个涉及养老产业的政策法规，可以看出中国政府对于应对老龄化、大力发展养老产业的态度坚定，但是关于养老产业发展的法律较少，规定性政策多，实施性政策少，不利于养老产业的规范有序发展。现有综合性的立法较多，养老产业涉及门类较广，缺乏专项立法，已有立法层级低、

---

① 韩曙光：《中国人口老龄化与养老产业问题研究》，硕士学位论文，新疆大学，2018年，第18页。

分类宽,各省市的规定也存在一定出入,国家层面缺少《养老产业法》《养老产品法》《养老服务法》等根本性法律法规[1]。另外,对比日本、德国等其他国家,中国的养老保障制度也不够完善,相关老年福利性政策不够清晰,其法律保障体系内容分散,不利于政策落地实施,难以指导引领产业发展。另外由于养老产业的特殊性,其低盈利性、投入高和周期过长等特点需要法律和优惠政策保证产业的继续推进和运转,对于投资养老产业的企业、对于养老服务业的服务标准、从业人员的制度化、职业化等领域的政策法规的建立是确保中国养老产业有序发展的重要基础[2]。

产业发展的前提是有完备的制度保障和可落地的政策以及严格的监管,做到有法可依,执法必严。目前关于养老产业发展的宏观政策较多,匹配的具体政策较少,很多优惠政策难以落实,审批手续烦琐复杂,政府职能部门干预较多。养老产业牵涉民政、国土、税务、工商、食药局等多个部门,部分缺乏操作的空间,如国家支持民间养老机构的建立,但是在相应的服务标准、土地政策和税收政策的优惠难落地。另外,对于养老产业的监管标准不统一,监管体系不完整。由于养老产业是个多元新兴产业,在某些行业政府监管存在缺位,如老人对养老服务或养老产品出现纠纷时候反馈渠道不够通畅,政府对民间养老机构的监管力度不大,对养老机构的属性认识不清。目前养老机构准入制度和服务质量不统一,对某些打着养老地产名义开发楼盘的项目监管不够严格。另外,公办老年大学和养老院的"一票难求",老年保健品市场的鱼龙混杂现象,老年金融市场诈骗风险较高等问题都对养老产业的监管提出了更高的要求。

（三）养老产业发展不均衡,养老产业链凝聚力不突出

中国养老产业的发展目前存在发展不平衡的问题,主要表现在:第一,养老产业空间分布不均衡[3]。目前大部分城市的养老产业发展不够成熟,尚未形成规模。整体来看,中国东部区域养老产业的投入比中西

---

[1]　张新生,王剑锋,张静:《中国养老产业转型和优化发展的思考》,《湖南科技大学学报（社会科学版）》2015年第3期,第111-115页。

[2]　武赫:《人口老龄化发展背景下中国养老产业发展研究》,博士学位论文,吉林大学,2017年,第83页。

[3]　师博,张新月:《三孩生育政策下中国产业适老化转型发展研究》,《长安大学学报（社会科学版）》2021年第4期,第82-88页。

部大,所以养老产业的发展好于中西部,在经济水平相对高的京津冀和珠江三角洲区域发展优势明显。第二,养老产业城乡发展差距较大。根据最新人口普查数据显示,农村老龄化程度高于城市,但是农村养老机构的数量和服务质量处于较低水平,农村文化教育、旅游休闲及智慧养老的普及远远落后于城市,农村老年人无退休金收入,多数未参加商业医疗和养老保险,养老产业的发展相对滞后。第三,养老产业不同领域发展不均衡。在养老服务业,受传统文化观念影响,中国居家养老模式受欢迎程度远超社会养老和机构养老,老年再就业现象不太普遍。文化养老和旅游养老近来发展势头较好,好于老年金融业的发展,而养老地产由于国际国内龙头地产、保险、银行等力量的介入竞争相对其他产业较为激烈,部分旅游城市的养老旅游地产发展较好,比如三亚、成都、青岛等城市。

养老产业属于综合型产业,涵盖第一、第二、第三产业。老龄化程度愈深,越会加速养老产业的繁荣。若养老产业链串联的凝聚力越强,证明养老产业的发展越成熟。从产业链的角度分析,目前中国养老产业链养老产业从上游到下游未形成完整闭合的产业链条,产业彼此间的联系不够紧密,没有核心联结,养老产业上下游的产业处于分散未整合的状态,养老产业资源未完全共享,尚未实现专业市场的规模效应和集群效应[①]。一般来说,产业链包括上游产业、核心支柱产业和下游产业,中国现在的产业链是以养老服务业为核心,以医疗护理、旅游休闲、文化教育等产业为支柱产业,以老年用品、药品医疗器械、老年保健品、建筑业等为养老上游产业,以养老地产和养老金融、殡葬行业为下游产业。养老产业链中的上游产业多为生产和提供初级产品的产业,为养老服务业的发展提供支持,养老产业链中的下游产业多以核心产业与支柱产业为依托进行发展[②]。目前,养老产业的关联程度较低,养老服务业未能发挥带动效应,养老产品和服务供应不足,养老服务的专业化水平较低。养老产品企业的核心竞争力较低,产品同质化严重,创新性和针对性不足,对于老年人衣食住行等基本养老需求容易满足,但是对于精神慰藉、心理安慰类服务欠缺,对于高层次的养老理财、高端疗养消费力不足。

---

① 赵院刚:《产业链视域下中国养老产业发展研究》,硕士学位论文,中共重庆市委党校重庆行政学院,2018年,第18页。
② 黄靖怡,张静:《中国养老产业链优化研究》,《吉林农业科技学院学报》2021年第6期,第65—68页。

（四）养老服务体系与保障体系不健全，老年人抗风险能力较差

老龄人口的增加和老龄化程度的加深，给中国养老服务体系和养老保障体系提出了更多的要求。中国目前已建立了养老体系的基本框架，但是与发达国家的差距较为明显尚处于初步发展阶段，养老服务体系的标准化和专业化有待加强，政府、市场、机构、社区的职能不够明确。具体表现在：政府对养老服务的干预过多投入过少，尚未发挥市场的主体性作用；养老模式发展不平衡，家庭养老逐渐不能适应未来养老的需要，社区养老和机构养老发展滞后，未来需要继续推广社区居家养老模式；社区养老提供的服务不够多元，不能满足社区老年人的需求，适老化设施缺失，养老中心的综合功能未能完全释放；机构养老的专业化程度不够高，高端养老机构价格过高，农村养老机构设施陈旧、养老服务内容少水平低，养老服务缺乏精准化和人性化；养老志愿者等社会组织的热情有余但是专业不足，多数成员未经过任何培训，仅能提供简单上门服务，服务难以完全满足老年人的养老需求。

经济和健康是影响中国老年人晚年生活质量的重要因素，让老年人实现老有所养和老有所依是发展养老产业的目标之一。目前，由于中国不同区域人口结构和经济水平的差异，部分省份养老保险出现缺口，老年人的养老保障体系面临着较大风险。基本养老保险第一支柱占比养老保障体系过高，第三支柱增长过于缓慢。目前，绝大部分中国老年人的收入来源单一，养老金虽然连续多年上调，但是随着通货膨胀和生活成本的上涨，养老金应对养老越来越捉襟见肘，更没有多余的财力参加旅游或购置养老地产，城乡养老金收入差距严重影响中国共同富裕的目标。老年人对老年金融产品的参与率较低，抗拒风险的能力较差，许多保守老年人宁肯选择低收益的银行固定存款，对安全性高、收益性稳定的理财产品、保险产品或信托产品反响不积极。随着失能、半失能、患老年慢性病老年人数量的增多，严重影响着老年家庭的幸福感。一方面老年人自身生活质量降低，另一方面家庭子女经济压力大、护理精力不足，因病入贫的家庭屡见不鲜，因此发展居民医疗保险和护理险迫在眉睫，未来需构建居家、社区、机构协调，医养康养结合的养老服务体系和多层次、全覆盖的养老保障体系。

（五）养老市场供需不对等，养老资源尚未精准匹配

中国老龄人口基数庞大，因此养老市场需求旺盛，但是由于中国进入老龄化社会的速度过快，导致养老产业发展不够成熟，部分产业如老年人护理、教育供不应求，部分产业如高端养老地产供大于求，传统老年企业提供的产品和服务种类单一、服务层次较低，但是老年人需求较为迫切的文化教育和精神层面的产品开发较少，养老产品和服务尚未精准匹配。根据 2021 年中国民政部民政事业发展统计公报和 2021 中国民政统计年鉴① 显示，中国注册养老服务机构共有约 3.8 万个，养老总床位 488.2 万张，每千名老人拥有床位 31.1 张，严重低于国际 60 岁老龄人口中 5% 比例即每千名 50—70 张的标准。而据中国国家老龄办公布数据，中国各级各类老年大学（不含远程教育机构）共有 70951 所，老年学员共 1088.2 万人，老年教育需求旺盛，但是老年教育资源严重短缺，老年教育市场年需求约一万亿，而中国目前仅能提供不足 1000 亿，导致全国各地老年大学报名难、抢课难。另外，中国养老机构的收费标准、服务标准及水平参差不齐，据民政局不完全统计，全国养老床位空置率近 50%，高端机构普通老人承受不起，中端机构床位紧张，低端机构服务质量过差，养老资源的供求匹配度不够。

从整个生命周期来看，进入老年阶段后，个体的消费需求会根据年龄发生变化。一般来说，基本的衣食住行等生活需求减少，但是医疗保健和文化教育、娱乐休闲、社会服务类消费需求增加，因而人口老龄化必将引起经济结构发生变化，从而导致老年人生活需求下降，带来医疗保健、文教娱乐、社会服务类支出的增加②。第一，从养老产品的供给来看，老年消费品种类占全国消费品的种类较少，老年保健营养品品类丰富，拐杖、轮椅、床垫、服装等适老产品较多，适老书籍和电影等文化产品供应不足，老年金融产品不够丰富，中小城市针对老年人生理和心理需求的养老用品专卖店和养老地产项目相对较少。第二，针对老年人的精神类、文化类产品较少，商品同质化严重，缺乏创新性，产品质量有待提升，如老年旅游多为其他旅游产品改名换姓而来，缺乏针对性。老年人休闲娱乐类场所、体育健身场所较少，所以导致很多地方出现跳广场

---

① 中华人民共和国民政部：http://www.mca.gov.cn/article/sj/tjgb/。
② 郝晓琳：《人口老龄化对中国居民消费的影响研究》，硕士学位论文，山西财经大学，2020 年，第 33 页。

舞的老人与打篮球的少年发生冲突,或者住户投诉老年人活动扰民。第三,从养老服务的供给来看,家政类养老服务项目多,但是精神关怀与心理疏导类服务少,无法满足老年人的需求。对于失能半失能老年人的需求,无论是服务的时长还是服务的内容都无法满足,对于其个性化的养老需求,无论是社区还是机构均无法高质量地完成,所提供的项目主要以生活基本照料为主。

（六）养老服务水平低,养老专业人才欠缺

养老产业健康运转的前提是人财物的完备配置,养老从业人员匮乏已成为发展的瓶颈问题。老年管理护理人员严重不足成为中国养老服务产业发展的最大障碍。养老产业从业人员主要包括管理人员和护理员,养老护理员是除志愿者外养老服务最主要的提供者,主要提供老年人的基本生活照料和护理等服务。根据各养老产业研究院的报告,中国养老护理员缺口巨大,截至 2020 年持证社会工作者 66.9 万,养老专业人才队伍建设无法满足中国日益增长的多元养老需求。据中国国家卫健委数据显示,截至 2020 年,中国失能和半失能老年人口约为 4000 万,空巢和独居老年人数也在增加,未来专业护理人员将更紧缺。现在养老护理员普遍存在问题主要为:护理员岁数较大,并且无护理经验者居多,导致护理水平较低;护理员女性比例高于男性,对于一些护理工作体力达不到;目前护理员学历普遍较低,社会认同感和自我效能感低;年轻人不愿意从事养老护理工作,人才流失率较高;农村护理员较少,护理员的工作环境较为辛苦,但是待遇不够高,导致养老护理队伍流动性较大[1]。诸如此类问题,导致中国养老服务水平整体偏低。

从老龄人数上看,中国在全球排名第一,养老服务产业发展迅速,因此养老机构对于专业养老人才的需求也加大。然而,中国目前养老机构中的养老专业人才还存在着一些问题:第一,养老服务人员和志愿者未接受完整专业的养老护理的知识和技能,无法应对除基本生活需求之外的特殊老年群体,继续教育和职业培训匮乏,职业提升能力有待加强;第二,养老服务人员缺乏足够的护理、养生、心理疏导等综合性知识,无法应对老年人突发的疾病与精神问题;第三,开设养老护理专业的高校

---

[1]　赵艳:《健康老龄化背景下中国农村养老服务供给多元合作模式研究》,博士学位论文,内蒙古农业大学,2021 年,第 85 页。

不够多,每年毕业人数远远不够市场需求,现有工资待遇对于应届毕业生的吸引力不足。另外,高校护理人才培养的理念不够先进,养老企业的创新人才与设计人才匮乏,缺乏国际经验的引导;第四,社会对于养老服务人员的认识和重视不足,毕业学生不愿从事老年工作,人才队伍难以为继。最后,政府尚未制定有效措施解决养老服务人员的教育培训,财政支持力度不大,导致中国社会化养老服务从业人员数量不足、专业能力不强,而这也成为社会化养老服务的困境①。

(七)中华传统文化输出不乐观,养老产业进出口贸易存在困境

中华民族具有五千年丰富的文化,这是全人类的精神财富和宝贵遗产。近年来,越来越多的国家和组织意识要解决某些难题,可以从中华传统文化中汲取思想。优秀传统文化走出国门,是中国文化自信的体现,也是国家软实力强盛的表现,但是文化输出要注意合理、合适、合情的方式方法,尊重不同文化习惯和宗教信仰,单纯的电视电影、文艺作品展现是不够的,中国必须建立自己民族特色的文化体系和核心,打造优良传统文化品牌。中华武术、中医药文化在文化交流中曾发挥出重要作用,通过中国传统功法的培训和中医养生文化的体验,可吸引国外民众深入地感受中华优秀传统文化的魅力,让国外友人认识中医药对健康的作用,从而增进国家间的相互了解和交流②。中华传统儒家思想曾经在东南亚产生过深厚影响,但是对于一些多民族国家,中华传统文化的传播影响力还较低,因此,中国应注重同其他国家尤其是"一带一路"沿线国家的文化交往,注重中华传统文化的创新、适应和融合,因为不是所有的文化都适合输出③。

随着人口老龄化进程的加快,挖掘发展老年市场成为中国经济的新突破点,根据相关预测,到2050年中国老年人口消费规模将增长到106万亿,占GDP的比重增长到33%④。"一带一路"沿线国家市场目前是中

---

① 李晓航:《中国养老服务的问题、原因分析及对策》,硕士学位论文,吉林财经大学,2017年,第16页。
② 傅文静:《中医文化出口到希腊,这群老外学起了五禽戏》,《现代养生》2019年第6期,第30页。
③ 陈玲:《"一带一路"背景下中国传统文化对外交流途径研究》,《长春师范大学学报》,2020年第11期,第189-190页。
④ 张晓毅,刘文:《中国FTA的推进与老龄服务贸易发展》,《武汉科技大学学报(社会科学版)》2017年第2期,第201-208页。

国最主要的进出口贸易国,出口货物份额占值约 1/14 ,服务贸易份额约 1/5 ,中国与"一带一路"沿线国家在个人与文化及康乐服务等领域的贸易互补性已经呈现出明显的"双赢"发展局面[①]。目前,在中国老年产业进出口贸易中,主要是老年金融和老年康复护理。由于新加坡、欧盟等国家的老年金融业较为发达,模式成熟,经验丰富,最先进入中国市场。而老年康复护理业方面,香港最先进入内地市场。由于中国养老护理人员数量与经验的缺乏,开放养老服务国际市场,必然会对中国养老服务业产生冲击,加重国内企业和国际企业的竞争。国际企业专业的经营管理能力和较高的资源调动效率,必然会压缩中国养老服务企业的生存发展空间,会导致国际企业对中国养老市场形成垄断,使中国养老产业的发展失去独立性,一旦外资掌握了中国养老产业的定价权,会违背中国养老服务的社会福利性,将会影响中国养老产业的可持续发展甚至影响到社会秩序[②]。

第三节 发展养老产业理论基础

一、文化经济理论

文化经济以经济的方式繁荣和发展文化,通过文化发展获得财富的增长,在实现巨大经济利益的同时,实现文化的有效传播和文化资源的积累与成长,不断满足人类社会文明进步和人的自由发展在精神文化领域内的全部需求[③]。

1977 年《文化经济学杂志》的问世标志着文化经济学作为独立学科诞生,许多国家开始研究文化和经济的关系,到 21 世纪以后文化经济学理论逐步走向成熟。文化经济学是按照政治经济学的一般原理,研究文化和经济发展的运行机制和规律,既系统研究文化作为生产要素的功

---

① 刘文勇,雍尚玲:《中国经济"走出去"能力分析——基于"一带一路"视角的研究》,《学术交流》2021 年第 8 期,第 97-110 页。
② 郭敏:《扩大开放视角下中国养老产业服务发展对策研究》,硕士学位论文,对外经济贸易大学,2019 年,第 39 页。
③ 胡慧林:《文化经济学》,北京:清华大学出版社,2019 年,第 2-3 页。

能,又囊括文化对现代社会经济发展所产生的影响,兼有文化和经济的双重属性。通过研究中华传统养老文化来实现中国养老产业的创新发展,基于文化的基本规律来实现经济增长方式的转变,以文化推动产业结构的调整,对于推动社会进步、丰富人类关于经济和文化理论的研究范畴有重要意义。随着文化自信和文化强国战略的提出,文化经济学理论在中国的研究逐渐丰富,通过文化的角度来解释经济现象的成果也越来越多,但是还存在一定缺陷,如文化的概念较为宽广,文化对经济的影响缺乏定量分析等。

本书以传统养老文化为背景探讨养老产业的发展,基于传承传统养老文化维度创新经济产业的发展,创新传统文化的同时清晰把握老龄化新形势下的银发经济,既可以实现文化与经济的双赢,也是对文化经济学理论的深化和实践。

二、人口结构和经济增长关系理论

马尔萨斯在《人口学原理》中最早论述了人口政策和经济之间的关系。近年来随着各国人口结构的变化和全球老龄化程度的加深,更多研究围绕人口结构和经济增长的关系上,并且主要关注三个要素的变化:劳动力的数量(人口红利)、储蓄率(物质资本积累)和劳动力的质量(人力资本积累)[①]。

人口红利概念首次由哈佛教授大卫·布鲁姆与杰佛瑞·威廉森在1998年提出,"中间大两头小"型的人口结构被视为"人口红利",主要是指由人口结构转型导致的年龄变化、人口增速所带来的经济增长。由于劳动年龄人口数量和占比较大,幼儿和老年抚养比低,因此对经济的发展较为有利,较容易营造较高的储蓄率,如亚洲"四小龙"的崛起证明人口红利对经济的贡献。但是,当经济发展到一定水平之后,普遍会出现生育率的下降,人口的少子化和老龄化导致劳动年龄人口数量的减少,因此人口红利并非可永久性继续性地促进经济的增长。随着各国第一次人口红利的消失,安德鲁·梅森与罗纳德·李提出"第二次人口红

---

① 郭凯明:《人口转变、公共政策与经济增长》,北京:经济管理出版社,2013年,第150页。

利"①,主要指在老龄化初级阶段,劳动素质提高所导致的经济增长,虽然劳动人口数量减少,但是高教育水平和相对完善的社会保障导致劳动人口质量得以提升,为经济增长提供了新源泉。

2023年,中国首度进入人口负增长阶段,不断攀升的老年抚养比和逐年下降的生育率,改变了中国社会的人口结构。研究利用人口结构和经济增长理论,既可以作为破解老龄化的重要突破口,也可以作为中国养老产业创新发展的理论基础。2023年5月,中国提出了提高人口素质、促进人口高质量发展的方向,这无疑为人口和养老产业的现代化发展指明了方向。对中国来说,政府可以制定更加完善的养老、社保政策以应对老龄人口的增加,也可以通过提升劳动参与率、提高退休年龄来增强劳动力流动性,以缓解劳动力的短缺。劳动结构和人力资本的优化也会对经济产生正向刺激,鼓励老年人提升素质、发挥余热、传递经验都可以降低劳动者数量减少所导致的社会问题。发展养老产业对于中国在未来长期内调整经济和产业发展方向,扩大就业市场,挖掘银发经济亿万市场意义匪浅。

三、传统养老文化与养老产业的辩证关系

全球老龄化的加剧,使得各国政府加大了对养老和养老产业的关注。由于不同国家区域的经济状况、文化背景及价值观的差异,导致中西方养老理念不同。养老产业如何在文化的作用下保持健康良性的发展方向,是一个值得深入思考探究的问题。结合中国的特殊国情、中国特色的经济发展道路和优秀的传统文化来发展养老产业,对于弘扬中华传统文化,践行社会主义核心价值观,积极应对老龄化问题有着现实意义。

(一)传统养老文化决定养老产业发展方向

弘扬中华传统养老文化,可以指引并振兴中国养老产业。中国老龄人口基数大,给养老产业带来巨大的市场活力,但是养老产业作为中国的新兴产业还处于发展的初级阶段,发展的理念、定位和方向至关重

---

① 宋世斌:《中国老龄化的世纪之困——老年保障体系的成本、债务及公共财政责任》,北京:经济管理出版社,2010年,第60页。

要。要充分发挥传统文化对产业的引领作用,文化可以为中国特色的养老产业发展提供指导思想和发展动力,也可以为养老产业的发展提供理论支撑力①。传统孝老要求人们要养亲孝亲,"养亲"意味着要满足老年人的衣食住行等基本的养老需求,发展养老产业可以解决老年人的物质需求、医疗护理需求、文化教育需求,休闲旅游需求、退休保障需求、智能装备需求等。"孝亲"要求养老产业的从业方要丰富精神类产品和服务的供给,养老产业的发展不应仅提供物质层面,养老产品和服务的开发必须兼具精神慰藉,中华传统养老文化是中华文明的重要组成部分,在养老产业软硬件设施建设时要以弘扬传统养老文化和社会主义核心价值观为根基,高度重视孝老精神文明和物质文明共同建设发展②,通过弘扬传统养老文化,可以加强社会对于老年人的尊重和关爱,提高社会对于养老产业的关注度和支持力度。没有文化的产业是没有前途的产业。产业文化的含量,决定着产业发展的方向和命运。中华传统养老文化不仅仅是传统养老的道德基础,也是养老产业的道德基础③。加强养老产业的文化建设,要以中华传统养老文化为范本,树立"以老人为本、关爱生命、服务社会"的企业发展观。以养老孝老文化当作养老服务人员的专业知识基础,让所有从业者围绕老年人的实际需求出发,老吾老以及人之老,不断提升自身企业的养老服务水平。总之,传统养老文化强调养老产业需提供尊严、关怀和关爱的养老产品和服务,倡导以老年人的需求为中心,引导养老产业向专业化、人性化、差异化发展。

（二）养老产业反作用于传统养老文化

发展养老产业,在全社会营造尊老敬老孝老的文化氛围,可以推动中国优秀传统养老文化的传承,提升中国民众的社会凝聚力和文化认同感。老年人的"照料缺失"与精神上孤独,让老龄化社会遭遇了孝与养的平衡难题④。发展养老产业可为老年人提供精神上的关爱和陪伴,借

---

① 许佳,吴然:《传承孝文化促进健康养老产业发展》,《现代经济信息》2018年第18期,第328页。
② 杜鹏:《中国特色积极应对人口老龄化道路:探索与实践》,《行政管理改革》2022年第3期,第13–18页。
③ 胡泽勇:《基于传统孝道的养老服务业及其可持续发展》,《理论月刊》2017年第3期,第149–154页。
④ 刘辞涛,向运华:《少数民族宗教文化对现代养老服务体系的赋能与完善》,《民族学刊》2022年第9期,83–89页。

助开展社交活动、提供心理支持服务、组织志愿者活动等方式实现。关爱和陪伴可以让年长者感受到尊重和被关注,符合传统孝道的价值观。养老产业的发展符合了社会为老年人提供尊严、舒适和有意义生活的期望,物质生活的丰富激发养出老人的多样需求,发展养老产业有助于提升老年人的生活质量,营造方便且安全的养老服务环境[①],实现中国"老有所养、老有所依、老有所乐、老有所为"[②]的目标。现代养老产业可解决传统养老的痛点,减轻家庭养老负担,增强儿女的孝老意识和责任感,为传承家风和人民对美好生活的实现期待搭建了阶梯[③]。发展养老产业积极鼓励家庭成员参与照顾年长者的过程,可以通过提供合适的家庭探访政策、举办家庭活动或培训课程等方式实现。家庭的参与可以帮助传递传统孝道,同时加强家庭关系。对养老机构来说,创造舒适、安全和温馨的居住环境,可以为老年人提供必要的关爱和照顾。养老产业与文化、旅游等其他产业的融合,可以丰富养老产品市场,加大孝老文化的开发宣传推广传承,还可以开发孝敬为主题的文化产品,把孝敬文化内涵的产品推广到普通人的生活中,为普通民众传递传统文化。对养老产业从业人员开展孝老企业文化和职业道德相关的宣传、教育和培训,了解传统孝道的内涵和实践方法,有助于社会弘扬尊老敬老的价值观的建立和中华优秀传统养老文化的传承。通过发展养老产业,能够传承和弘扬尊敬长辈、孝敬父母、关心家庭等传统价值观,实现文化的传承、传播。

（三）弘扬传统文化和发展养老产业的统一性

中华传统养老文化是中国的传统美德,是养老产业良性发展的精神内核。弘扬尊老敬老,构建亲老、敬老的社会氛围,是中国文化自信和以老人为本的具体体现。随着社会的发展,老年人的需求也变得多样化。发展养老产业可以为中国的老年人提供不同层次和类型的养老服务,以满足个性化养老需求,使老年人能够按照自己的意愿自主选择适合自己的养老方式。发展养老产业和弘扬传统文化殊途同归,二者既相互制约

---

① 邓荣霖:《以中华孝文化服务市场经济发展》,《人民论坛》2018年7月上旬刊,第119页。
② 孟磊:《乡村振兴背景下农村养老服务发展研究》,《现代农村科技》2023年第4期,第99-100页。
③ 王潮:《"互联网+"智慧养老服务需求实证研究分析》,《经济论坛》2021年第1期,第124-136页。

又互相联系,最终归宿是一致的,都是为了满足中国老年人的多元化、个性化需求,提升老年生活质量和老年人的体验感、获得感、幸福感,促进老龄化社会的和谐。中国传统养老模式是以传统孝道为核心的家庭养老,但是快速老龄化、失能化、少子空巢化给国家、社会和家庭都带来巨大的压力,弘扬文化可以使年轻人关注孝敬老人,尤其关注父母的精神文化层面需求。发展养老产业是对传统孝道的践行,可以弥补家庭照护功能的不足,还可以减轻年轻人的养老负担,促进老年家庭的和睦,缓解老龄化带来的家庭矛盾和养老供求矛盾,提升养老服务水平,解决养老服务和产品供给不足的难题,打造多层次和多元化、人性化的养老服务保障体系,落实中国的积极应对老龄化战略。为更好打造中国特色的养老产业,必须从中华优秀传统文化中汲取营养,建立社会主义核心价值观相适应的发展道路[①]。

四、需求层次理论

马斯洛需求层次理论是人本主义心理学派创始人亚伯拉罕·哈洛德·马斯洛在其发表的论文《人类动机论》中最早提出的激励理论,包括人类需求五级模型:生理需要(主要指对食物、水、性和休息的需要,这是最基本的需要)、安全需要(主要指对生命财产的安全、秩序、稳定、免除恐惧焦虑的需要)、归属与爱的需要(主要指情感需要、社交需要)、尊重需要(主要指自尊和受别人尊重的需要,提升自我效能感)、自我实现的需要(只要是发挥潜能实现最大自我价值)。1954 年,马斯洛在《动机与人格》中添加了认知需要(主要指认知、探索、理解、解决问题需要)和审美需要(主要指对事物对称、有序、平衡、外观等感受美),将需要系统由 5 层扩充至 7 层,其中前四层需要称为低级需要或缺失需要,后三层需要包括自我实现、审美和认知需要,称为高级需要或成长需要,低级需要被满足才会转向高级需要,自我实现是最高层次的需要。

各层次需求之间还有如下关系:(1)各层需要彼此融合,人的需要是从低到高,即低层需要被满足后才开始追求高层需要,但是需要的过程是不固定的,每个个体追求需要的过程也未必相同,"优势需要"在其

---

① 陈朝晖:《文化自信视阈下孝文化的国家战略传播》,《湖北工程学院学报》2023 年第 1 期,第 5–14 页。

中发挥着重要作用。（2）人的需要往往与年龄、健康状况、经济状况及受教育水平等因素有关。（3）一般高级需要比低级需要的被满足感更强烈。对老年人来说，退休后选择锻炼身体这是生命安全需要，有的老人选择照孙子孙女体现了中华传统文化中的家庭观念[①]，有的老年人不喜欢独居或住养老院，这是归属与爱的需要，有的老年人退休后发挥余热，继续工作，这是一种自我实现的需要。

社会的进步和经济的发展，也使民众对养老需求变得更加多元化、个性化。养老产业的发展目的就是满足老年人对美好老年生活的需求。物质资源的丰富，使得传统养老的内容、手段从最基本的生理需要和安全需要，升级到精神需要，到最后自我实现的需要和审美需要等，这给养老产业带来巨大的商机，养老产业新业态的萌生基础在于新的技术革命和老年人新的需求，因此加深对需求层次理论的认识可以落实以老人为本的产业发展理念，更好地传承传统尊老美德。

五、产业融合理论

马克思在政治经济学的范畴指出分工的自然发生到消灭，马歇尔也曾提出分工越精细化行业间的分界线越小，这都是早期的融合思想萌芽。1713年，威廉·德汉在研究光线聚合发散时最早提出产业融合概念，进而延伸到生物学、计算机学、经济学等其他行业。20世纪90年代，各国学者对产业融合的深度和广度都不断加强，涉及行业更为宽广，从原本的电子信息通信、印刷延伸到金融业、房地产业、旅游产业、文娱产业等相关行业[②]。产业融合是指不同产业之间通过相互渗透和交叉融合，最终融合为新业态的过程。

在经济一体化、高新技术快速驱动下，为提高生产率和竞争力，产业融合产生了"1+1>2"效应。首先，改变生产方式，推动传统产业转型创新，优化产业结构。产业融合过程产生的新技术、新服务和新产品等新事物可以弥补市场空白，激发市场的活力，成为经济增长的新动力，如借助互联网和智能装备的智慧养老是比较好的例子。其次，提升产业专

[①]　王娟等：《基于马斯洛需要层次理论的老年人口养老需要研究》，《中国医学伦理学》2010年12期，第131页。

[②]　薛金霞，曹冲：《国内外关于产业融合理论的研究综述》，《新西部》2019年10月，第73页。

业化和竞争力。产业融合对原有产业是升华的过程,创新是产业发展的恒久动力,竞争是产业发展的必经之路,以融合之路可实现传统行业优胜劣汰。再次,打破产业壁垒,增强产业链的完整性。通过打破传统产业之间的界限,通过技术、业务、市场进行融合,可实现行业之间的最优化组合,实现产业链的整合,保持经济的良性增长。最后,产业融合满足消费者的多元需求。经济的发展带动消费者生活水平的改善和收入的提升,也带动了消费升级和多元化需求,产业融合的新业态所提供的服务供给和产品供给可以不断满足人民群众对美好生活的向往。

养老产业与文化、旅游、互联网、康养、地产、金融等产业的融合发展,不仅可以使养老新业态成为未来经济发展的新增长点,推动传统产业的创新发展,还可以提升中国养老服务的质量和水平,丰富养老市场元素,最终去满足老年人的多元化和多维度的养老需求,推动"养老+"产业的个性化、品质化、产业化和精准化升级,提高养老服务的普惠性和福利性,提升老年人的幸福感和体验感。

第三章 中华传统养老文化演变和中国养老产业新业态

第一节 中华传统养老文化的演变

"孝"是中华养老文化的基本特征,多年的历史演变不断丰富"孝"的内涵,也成为中华民族的民族特性。传统养老文化在古代社会有着基本明确和固定的评判维度和标准,但进入现代以来,随着社会思潮的整体变迁,其文化和观念也逐渐演变出新的趋势①。掌握传统养老文化的演变趋势,方可更好地继承和创新传统文化,并推动中国养老产业的创新发展。

一、养老场所的转变

在中华传统文化认知中,家庭是安度晚年最为理想惬意的载体,子孙环绕、颐养天年是大部分老年人认为最为幸福的时刻,家庭养老就是最为典型的传统养老文化的体现。但是,随着人口老龄化的加深和老年人群平均寿命的延长,传统的居家养老面临着时代和现实的挑战,与机构养老不同,社区居家养老模式这种集家庭和社区优势于一身的养老模

---

① 张平仁:《孝道的内涵层级、评判维度与当代创新》,《华侨大学学报(哲学社会科学版)》2022 年第 5 期,第 15—25 页。

式更受老年人及其子女的青睐。社区居家养老在空间上和居家养老相差无几,老年人既可以足不出户地享受社区服务,也可以根据自身的身体情况和自理能力适当参与社区集体活动,或者利用社区养老设施,或者与志同道合的老年人共同参加社区活动。

社区居家养老与完全依靠配偶或子女居家养老不同,主要是依托社区资源和服务,以传统居家养老为基础,以社区养老为辅助,整合社区的养老资源,弥补家庭在时间、精力和照护的不足,向社区内的老年人提供日常护理疗养、生活服务、精神陪伴、娱乐休闲、兴趣拓展等服务的养老方式。这种模式最大的好处就是让老年人感觉没有脱离家的温暖,更没有远离家人的陪伴,来去自由,社区与家的功能没有被打破的基础上,发挥社区在养老方面的最大效能,老人可享受到社区更全面、更专业和更便利的服务。

社区居家养老从社区内的老年人的实际需求出发,可有效解决老年人养老服务和养老产品供需不平衡、信息沟通不通畅等缺点,充分挖掘社区养老资源,用多元化服务来满足居家老年人的个性需求。通过整合社区党群服务中心、社区居委会、养老服务站、日间照料中心、物业服务机构等多方资源,打造功能齐全的社区居家服务中心。在党群服务中心,充分调动机关退休老干部的积极性,开展丰富多样的文体活动,达到修身养性、陶冶情操、愉悦身心的效果。利用居委会可充分把握社区内特殊老年人的生存现状,如贫困老人、孤寡老人、失能和半失能老人,对于这些特殊群体,居委会更应该建立爱心档案,提供更贴心、更有针对性的服务。在养老服务站,提供日常的查体、保健及其他医疗知识的科普,提升老年人的防护意识和自我养老能力。通过建立社区内老年人的健康档案,对患有特定老年病的老年人加大护理支援力度,与社区医疗机构及时对接,做好病人的转接救治。在日间照料中心,老人们白天可以参与一些力所能及的活动,在晚上可以回家居住。物业服务机构也可借鉴国内外成功物业助老经验,提供上门服务甚至老年人的托管服务。对于独居或者贫困的老年人,社区养老救助中心可采用爱心食堂和爱心点餐的方式,为老年人提供安全健康的饮食环境和配餐服务,老年人可通过电话或线上方式订餐,既可以保证老年人的口味,也提升了老年人吃饭的时效性,对于饮食困难的老人可采取助餐模式。社区可以与专业的养老机构建立合作,整合优势力量,打造品牌,实现规模化经营,提升养老服务的竞争力。社区可以参考日本公益劳动的时间银行,通过志愿者累计参与社区居家养老志愿服务时间,以非货币形式计入个人账户,可用于本人或亲属日后养老所需。

二、养老功能的转变

中华儒家文化对中国人的影响根深蒂固,孝道对中国人的家庭观和价值观有着重要的指导意义,但是随着经济结构和家庭结构的变化,传统的"养儿防老"观念也受到现实压力的挑战。在农村地区,有些青年为了改善生存条件到城市打拼,导致农村空巢严重,留守儿童和留守老人比比皆是,过低的家庭收入水平让农村养老问题雪上加霜,患病老年人的救助和日常照料护理困扰着许多家庭。即使在城镇,大部分年轻人大学毕业后,多数也是流入比家乡城市更大、条件更优越的一二线城市。为了在大城市立足,面对较高房价的年轻夫妻,大部分都掏空了老人的毕生积蓄。随着老年人岁数的提升,老人自身患病和被护理的风险逐年加大,单纯依靠家庭和儿女养老,已经不足以解决老年人的后顾之忧,因此必须重视社会养老[①]。

健康中国战略对老年人来说意味着健康老龄化,但是老年人由于年岁已高往往容易患上多种老年慢性病,因此集治疗疾病、保健康复、日常护理于一身的医养融合社会养老模式必将成为未来非常受欢迎的模式之一。主要原因为如下几点:第一,医养结合与传统养老相对比多出"医"的元素,对于患病老年人而言,在满足养老需求的同时,可以解决老有所医的问题,对于老年重病或者长期病患者能够及时救助,提升老年人的生命质量和生活品质。第二,随着高龄老年人的激增,老年患病者人数也在攀升,给医疗体系带来巨大压力,医疗资源的不足和专业人员的匮乏都是亟须解决的难题,通过发展医养结合可以积极发挥养老机构和社区养老服务中心的分流作用,提升养老机构的医疗护理水平和品牌建设。养老机构可以在政府部门的指导下与医疗机构合作,开展老年病的诊疗护理,医院也可以定期挂派专家指导。对于居家或社区居家养老家庭来说,在熟悉环境中的康复治疗有助于减轻老年病患者的焦虑,医生或者护工的上门服务、保健护理、营养餐供应、精神安慰等专业服务

---

① 刘远立:《老年健康蓝皮书:中国老年健康研究报告(2020-2021)》,北京:社会科学文献出版社,2021年,第10页。

解决了患者不方便出门的痛点。第三，医养结合解放了老年患者的家庭成员和子女束缚，减轻家庭负担，促进家庭和谐，有助于老年人的健康长寿。

随着老龄化和少子化社会的来临，家庭规模逐渐萎缩，家庭结构空巢严重，因此传统家庭功能也在弱化，家庭照护难以长期持久，导致长期照护的需求转向社会养老，长期照护必定成为中国未来社会养老服务的重点。人口结构的持续老化，空巢、孤寡、失能、半失能老人群体的扩充，加速了养老照护体系的构建。首先，继续发挥家庭在照护的作用，家庭照护可以促进家庭的和谐稳定，也可以节约家庭和社会的成本，政府可以制定政策推动家庭照护，比如制定人性化假期或照护补贴给那些需要长期照护家人的年轻人，对照护的老年人进行分级分类护理。其次，探索长期照护的救助制度。救助资金来源于各级政府的财政补贴，兼顾特殊老年对象，制定不同救助标准尽量满足不同救助对象的需求。最后，大范围推行长期护理保险。长期护理保险是以互助共济方式筹集资金、为长期失能人员的基本生活照料和与之密切相关的医疗护理提供服务或资金保障的一项社会保险制度①。中国前期已经在 49 个城市开展试点，建议中国将保险对象、保障方式、筹资缴费方式和保障水平等配套措施尽快完善并全国推广。

三、养老资金的转变

《世界家庭养老探析》中指出家庭养老被看作是感情上的相互关怀，又包括经济上的彼此支持。家庭是婚姻和血缘关系维系出来的单位，家庭养老是农耕文明自然经济生产力水平低下的反馈模式，其基本特点就是在家养老和子女养老②。中国古代以农耕文明为主，政府官员退休后也无优厚俸禄，如唐朝退休制度规定官员退休时只给少数田地，宋朝官员退休只有斗俸，导致官员不愿退休，而平民百姓家老人的养老则主要靠家庭其他成员来解决。从北魏延续至清代的"存留养亲"制度就是古代政府为保障犯人家中老人的养老而采取的人性化措施，《王杖诏令册》

---

① 孙洁：《中国长期护理保险试点的经验、问题与政策建议》，《价格理论与实践》2021 年第 6 期，第 104-115 页。
② 吕阳：《促进养老服务业发展的财税政策研究》，博士学位论文，中南财经政法大学，2019 年，第 23 页。

以法律形式保障老年人的生活,从南北朝时期的"孤独园"到清朝的"养济院"都是政府主办的社会养老机构,也是为了解决老年人的供养问题。对于孤寡老人的养老,多数朝代也给予了照顾,如明太祖朱元璋规定孤困老人由官府终身养老的福利政策。古代社会为了保障老人的家庭养老问题,主要采取了如下两条鼓励政策:一是通过经济上减免徭役税赋或提供物质奖励的形式,减轻有老人需要供养的家庭的负担,增强家庭赡养老人的能力,保障老年人有所养。二是通过精神或道德上的鼓励表彰的形式支持家庭孝道和尽孝行为[①]。汉朝是历代养老制度最为严格的时期,不敬不养父母是重罪,"举孝廉"[②]制度更是在全社会形成重孝的风气。在古代社会环境、经济医疗水平都不如现代社会,根据林万孝的《中国历代人平均寿命和预期寿命》统计的平均寿命显示,汉代仅 22 岁,唐宋清分别是 27 岁,30 岁,33 岁[③]。受战争、瘟疫及其他自然灾害的影响,个别朝代平均年龄甚至不足 20 岁,因此多数古代人未享受养老便已经离世,因此也不存在供养难题。按照国家卫健委统计,2022 年中国人口平均寿命已经高达 78.3 岁,因此当代社会的养老问题比历朝历代都要严峻得多。

　　中国绝大多数老年人的经济来源是退休金,整体来看收入单一,对退休金的依赖度过高。经过几十年的发展,中国初步建成养老金体系,主要包括职工和居民的基本养老保险,但是中国城乡二元经济结构导致城乡老年人的供养两极分化严重,在广大农村地区老年人没有其他经济收入,农村基础养老金过低无法保障基本生活。反观城市,老年人的主要经济来源为退休金或其他劳动报酬,其中机关事业单位的退休人员比企业、灵活就业人员的养老金相对要高很多,因此大部分普通家庭的老年人养老还需要子女的赡养。但是随着家庭结构的变化、平均寿命的延长和生活成本的增加,包括子女教育智力投资成本的上涨,使得普通工薪家庭经济压力过大,没有足够的经济实力去支援自己的父母,尤其是对于家中老人可能面临巨额医药费的风险更是无力规避。对于老年人而言,自身生活比较节俭,但很多老年人承担了较多的家庭生活成

---

①　白维军:《家庭养老的风险标识及其治理》,《社会保障评论》2021 年第 5 卷第 4 期, 第 104–117 页。

②　阮玉秀:《乡村振兴视域下中华传统孝文化的嬗变与发展》,《文化产业》2022 年第 12 期,第 73–75 页。

③　林万孝:《中国历代人平均寿命和预期寿命》,《生命与灾祸》1996 年第 5 期,第 27 页。

本,对于三代同堂的家庭,不少老年人还承担孙子孙女的各种辅导班费用,他们不但得不到子女的经济支持,反而还要补贴子女。据相关研究发现,5.9%老人家庭存在"啃老"现象,34.7%老人家庭经济援助子女,65%老人家庭生活上援助子女[①]。在古代社会,老人的财富、经验、权威还有道德伦理决定了年轻人主动供养老人,但是当代社会知识的更新速度、西方民主独立思潮降低了子女对老人的依赖感,老人的技能经验与时代脱节,导致家庭地位和家庭权威也逐渐弱化,对于尽孝行为也存在不积极的现象。因此无论从国家还是家庭面临的压力,老年人必须积极发挥自身的作用,传统他养的模式逐渐转向老人自养。

由于老年人口基数不断增大,国家养老金体系面临的财政压力也与日俱增,因此老年人必须积极发挥主动性,养老问题必须未雨绸缪提前谋划,一是老年人要积极响应国家延迟退休和退休再就业的号召。老年人是社会的财富,通过再就业,不但给老年人增加收入、延迟衰老,还可以减轻家庭的负担,让老年人发挥余热实现价值,以更加积极的心态和健康的身体面对未来。2020年,中国国务院印发的《关于加强新时代老龄工作的意见》更是鼓励"银发族"再就业,充分发掘老年人才资源和智慧红利,为有知识、经验、技能的老年人增加就业渠道。二是合理选购商业养老保险和老年金融产品以提升收入,应对将来养老所需,对于风险较低但是收益稳定的国债,还有免手续费的基金产品,老年专属的商业养老保险产品和保本型的银行理财产品让老年人的钱包既安全又有稳定的收益,减轻老年人"他养"的负担,增强自身的养老能力。

四、养老内容的转变

古代社会生产力较低,主要经济来源就是"男耕女织",因此古时对老人的养老更加注重物质养老,政府为减轻家庭养老的压力更多采取的是经济手段,减轻老人家庭的税赋和徭役,对于高龄老人的赏赐也是米酒肉等生活用品。古代的"色养"是精神养老的萌芽状态,色养就是子女对父母要和颜悦色,顺承父母心意,精神上赡养老人。养老是一种随着人类社会的延续而产生的自然行为,《养老奉亲书》将"养志"即精神

---

① 党俊武:《中国城乡老年人生活状况调查报告(2018)》,北京:社会科学文献出版社,2018年,第23页。

养老融入了孝老思想[①]。随着中国的迅速发展,2022年中国GDP总体量约18万亿美元,高居全球第二位。经济的发展提升了中国人的生活水平,生产资料的丰富,为精神养老提供了物质保障,精神养老是比物质养老更高层次的需求。因此当物质需求得到充分满足时,如何满足老年人的精神需求成为当前社会的重要问题[②]。从基本生活需要到文化娱乐休闲,这是物质到精神的提升。

随着中国社会养老和医疗体制的完善,老年人的物质需求已经得到充分的满足,老年人多样化的精神需求变得愈加旺盛[③]。因此在家庭生活中,父母的精神慰藉应成为儿女关注的侧重点。应鼓励父母在社区养老中心参加集体活动,在退休支部参加各种兴趣班,在老年大学参加各类课程学习,满足老年人自身的社交需求和文化需求[④]。对于有钱有时间身体健康的老年人,各类旅游活动也是促进身心健康的重要方式。对于具有专业知识又乐于助人的老人,可以参与各类志愿者队伍来发挥余热。相较于城市退休的老年人,部分农村地区老年人由于经济条件和家庭结构的变迁,导致精神养老相对匮乏,有的家庭侧重于物质养老,对精神养老不够重视,误将物质养老等同于精神养老。

精神养老主要通过言语交流、行为互动和情感交流来帮助老年人获得精神支持和思想满足,按照需求的类别不同,可以分为情感交流需求、心理疏导需求、社交休闲需求、文化教育需求、人生价值需求[⑤]。（1）情感交流需求。主要为满足老年人的孤独、失落和不安情绪,老年人在衰老的过程中,内心渴望社会生活而不希望被社会遗忘,既需要家庭子女的交流互动,也需要社会、朋友的情感交流和支持。倘若老年人在退休后可以寻找到志同道合的朋友,那么共同经历上的交流共鸣可弥补内心的失落和情感的缺失。（2）心理疏导需求。随着时代的变迁,很多老年人的理念、知识和经验已经和社会脱节,对于外界的互动刺激比较敏

① 迟秉恩:《从〈养老奉亲书〉孝老养生思想探析当今社会养老问题》,博士学位论文,广州中医药大学,2019年,第17页。
② 梁义柱:《养老产业化的发展路径选择——从物质养老到精神养老》,《东岳论丛》2013年第3期,第186-189页。
③ 才思哲:《青岛市居家社区养老服务发展研究》,硕士学位论文,山东科技大学,2020年,第35页。
④ 张含笑:《哈尔滨市智慧健康养老服务质量评价研究》,硕士学位论文,哈尔滨商业大学,2022年,第39页。
⑤ 杨晓泽:《长寿经济背景下老年人精神需求研究》,《新疆广播电视大学学报》2021年第2期,第56-60页。

感,自我心理调适能力较弱,老年人的反应迟缓、学习能力较弱,通过心理疏导可以让老年人拥有健康的心态①。(3)社交休闲需求。老年人可充分利用自由的时间,去丰富自己的养老生活。老年人可以选择自己的兴趣爱好加入各类社团,通过参加集体性活动满足社交需求,还可以参加各类强身健体的体育活动,提升身体素质。(4)文化教育需求。学习型社会的建立和终身教育理念的提出,使得部分老年人更愿意更新自己的知识结构,提升自己的生活品质。老年的文化教育应体现对老年人的尊重和人文关怀,让老人以更加积极向上的心态来对待自身的衰老过程,提升老年人的生命质量。学习也是一种养老,正确的学习观会刷新老人的养老观。老年人的人生阅历较为丰富,在许多方面比年轻人更加有经验,但是老年人对一些新鲜事物还带有一定的陌生感,通过接受再教育,可以提升老年人的综合素质,紧跟时代节奏。(5)实现人生价值需要。老人可以积极参与社会性活动,也可以再就业或创业的形式继续完成年轻时代未完成的梦想,在追求人生价值的过程中获得成就感和荣誉感。

五、养老手段的转变

中国最传统的养老方式就是居家养家,但是现实中存在一系列的困境,借助数字技术的智能居家养老成为一种新兴且最具竞争力的养老模式②。数字化可以改变老年人的养老观念,减轻子女的养老压力。数字化技术可以改变老年人的生活方式,智能装备可以解决老年人生活中的难题,智能网络通信技术使得老年人与子女交流变得更加快捷。适老智能产品和养老设施的开发,使老年人的养老充满科技元素。养老服务数字化建设可以丰富老年人的数字人生体验,数据时代使得老年人的各种数据便于存储。网络技术改善了老年的上网体验,疫情期间老年人足不出户就可享受"云端旅游"的视觉盛宴,还有老年人借助网络参加讲座、授课、网上商城购物等。另外,数字化实现了养老空间的扩容增速,传统养老主要依托家庭、社区、机构等,通过养老数字化建设,可以建立虚拟

---

① 毕牟一:《老龄化社会的美术教育价值及其实现路径的探究》,硕士学位论文,中国美术学院,2019 年,第 8 页。
② 孙智慧:《中国养老产业投资的商业模式研究》,成都:电子科技大学出版社,2020 年,第 184 页。

养老空间,激发养老积极性,创新养老新模式[①]。

工业革命极大促进了经济的发展,而经济的发展又带动了人口结构的变化,低生育率和人口老龄化成为每一个国家必经的发展阶段。中国是全球老年人口数量最多的国家,不断攀升的抚养比给传统养老带来巨大的挑战。科技革命改变了老年人的生活方式,经济的发展激发了老年人的多样需求[②]。数字化可以借助技术手段满足老年人的多种需求,整体来看,老年人主要有八大需求[③]:医疗需求,文化需求,应急需求,物业需求、电商需求、精神需求,金融需求等。人工智能的发展使失能老人活得更加有尊严有质量,养老市场信息化的发展使得老年的供给和需求趋向于平衡,数字技术可以实现养老产业和产业链关联产业的融合,智能产品、智能手段、智能服务、智能养老都改变了传统养老模式,数字化的支撑提升了养老各主体的养老服务能力。互联网技术的发展推动了老龄化和智能化的融合,使得"互联网 + 养老"在各地广泛兴起。通过打造养老信息化服务平台,可以将国家、省市、街道社区养老信息进行整合,实现信息共享和资源高效利用。以社区和机构为依托,搭建智慧养老综合服务平台,开发集监控、可移动式便携设备、App 于一身的服务系统,为老人提供差异化、精细化的定制服务和售后服务。

数字化是新时代产业创新发展的必由之路,数字化可适用于各种养老模式,通过应用数字技术可以建设数字化平台,发挥数字产业优势,整合相关产业结构,可更便利更高效更通畅地做好养老产业链的上下游对接。借助大数据、物联网和5G技术,数字化养老将树立养老产业发展新风向。中国智慧养老兴起于 2012 年,2020 年之后进入飞速发展阶段,尤其是在全新养老技术、养老智能装备、保健医疗、老年教育、休闲娱乐等方面已取得一定的成就,但是凡事皆有两面性,技术的革新可以带来全新的产品和服务,可技术不能弥补人文关怀,数字化养老还存在着一定的风险和不足,诸如未富先老的低收入老年人的购买意愿和购买力不足,老年人接触新事物新技术的学习能力较低,老年人信息收集、利用和保护是否可以得到妥善的监管,数字化平台和数字化技术的安全

① 刘文军:《多元主体保驾护航:数字化赋能的智慧养老模式》,《沈阳工程学院学报（社会科学版）》2022 年第 1 期, 第 18-23 页。
② 李建伟,吉文桥,钱诚:《中国人口深度老龄化与老年照护服务需求发展趋势》,《改革》2022 年第 2 期, 第 1-21 页。
③ 胡坚:《用数字技术推进养老业发展》,《杭州》2021 年第 12 期, 第 25 页。

性是否制定科学规范的行业标准等。数字化转型是中国养老产业提升竞争力和发展质量的重要阶段，应坚持以老年人的多元需求为导向，助力老年人跨越"数字鸿沟"，以"智能化""数字化"技术手段积极应对中国人口老龄化。

第二节　中国养老产业新业态研究

自十八大以来，中国政府就创新养老业态、激发养老动能进行了多次部署，强调要以中华传统文化为基础，推动养老与医疗服务、家政服务、金融保险、文化健身、康养旅游、地产等行业的融合。积极推动大数据、物联网与养老服务的融合，引导探索"养老+"中"+"哪些产业、"新业态"的"新"体现在何处，相关指导意见为"养老+"新业态的发展提供了方向指引。"养老+"新业态就是打破传统简易分工的产业形式，运用高新信息技术手段，创建养老产业链整合重组的扁平化平台，以促进养老服务方式、技术支持方式以及资金保障方式等推动形成多线融合的新型养老产业形态[①]。将养老与其他关联产业整合，将全面综合的服务和新型的产品贯穿到老年群体生命的各周期。

一、旅游 + 养老

随着经济的发展和传统消费观念的改善，使得老年消费习惯由物质需求，逐渐转化为对精神文化的需求，子女对老人的赡养也从传统的物质供养转向对精神需求的满足。旅游作为修养身心的最佳方式，可以丰富老年人的生活，提升老年人的身体健康水平和心理健康水平，因此旅游养老方式备受中国家庭青睐。近年来老年人的身体健康状况和平均寿命随着生活水平和医疗水平的提高得以提升，这为旅游的开展奠定身体素质的基础。老年人的经济状况较以前得以大幅提升，这为旅游开展

---

① 尹德挺，廖闻文：《从国家战略高度重视"养老+"新业态》，《北京观察》2021年第9期，第46—49页。

奠定了经济基础。老年人对养老的旅游需求旺盛,为老年旅游市场带来稳定的客源。老年人出游率和旅游花费逐年增加,这为旅游市场和老年经济的发展注入新的动能。

（一）乡村旅游

乡村旅游是以乡村作为目的地,集旅游和养老功能于一身的养老模式。城市老人在乡村体验老年生活,不仅能修养身心,也可以在娱乐活动中释放压力缓解心情[①]。乡村旅游的优点主要包括:（1）乡村旅游空间资源适合老年生活,中国乡村区域辽阔,地域特色鲜明,生态风貌、乡风民俗、风土人情各有千秋,较多老年人向往淳朴的农村生活,归乡养老的意愿较为强烈,回归自然可以使老年人心态平和、返璞归真。（2）乡村旅游具有丰富的休闲体验资源,不同于传统的观光旅游,乡村休闲旅游可使老年人积极主动地参与农村生活,提升老年人的体验感和满意度,多样化的田园劳作可以丰富老年人的生活方式,提升老年人的身体素质,达到休闲娱乐、强健体魄、体验民俗的多重效果。（3）乡村旅游具有独特的文化资源。乡村文化对老年人具有天然的吸引力。中国乡村文化资源丰富,大部分老年人年轻时候有乡村生活的经历,对乡村环境有归属感和亲切感[②]。乡村文化是中国最朴实、最传统、最接地气的文化,它的淳朴性无可替代。老年人到非常住区域的农村地区养老,具有新鲜的体验感,对于当地文化资源的保护和传播也有重要意义[③]。

（二）中医药医疗旅游

随着医疗水平的提升,老年人越来越关注自身的健康状况,更关注养生保健医疗,追求更积极、更健康的养老生活方式成为老人退休生活理念。医养结合背景下的医养游一体化的医疗旅游作为一种新兴产业,不但可以满足老年的养老需求,还可以弘扬优秀的中医药文化传统。医疗旅游是以疾病与健康、医疗及护理、养生与康复为主的旅游形式,作

[①]　陈颖:《黑龙江省乡村休闲养老发展影响因素研究》,博士学位论文,东北林业大学,2021年,第22页。
[②]　叶银宁,储伶丽,刘晓燕:《乡村旅游、生态养生旅游、养老旅游融合发展探究——以西安市长安区为例》,《经济研究导刊》2019年第21期,第160-162页。
[③]　黄桂钦:《中国农村文化产业发展研究》,博士学位论文,福建师范大学,2014年,第39页。

为一种新型的以旅游与治病疗养相结合的养老模式,随着老龄化程度的加深,未来拥有广阔的前景①。根据旅游目的的不同可以将医疗旅游分为治疗疾病类、康养保健类、观光体验类等几类。根据国务院下发的相关文件,中国积极支持发展中医药相关的医疗旅游产品和旅游线路,将中医药的预防与老年康健旅游融合在一起,主要包括:(1)中医药观光游。将中医药资源与自然资源双开发,开发适合老年人娱乐休闲的健身旅游项目,依托生态功能开发健康旅游基地。(2)中医药特色游。借中国老字号、中医馆、中药种植基地、中药企业,建立集种植、采摘、制药、治疗、保健等全流程的特色旅游产品。(3)中医药养生游。联合医疗机构,开展中医药的体检、调理、保健等服务,满足老年人健康服务与休闲度假为一体的服务需求。通过将旅游资源、医疗资源和养老资源的优势互补和共同开发,开拓老年人医疗旅游市场,促进医养结合背景下老年人对健康的不同需求。

(三)文化旅游

部分老年人由于岁数和阅历原因,更青睐于有品质、有内涵的旅游产品。文化旅游通过文化和旅游的融合,深度挖掘出旅游资源的文化内涵,增强了老年游客的文化体验和情感共鸣。主要包括如下几种:(1)历史文化旅游。老年人可以通过去比较著名的历史文化遗迹、故居、博物馆等场所参观,来获取对历史的认知,如故宫、长城、曲阜、泰山等。(2)红色文化旅游,是红色革命精神和旅游活动的结晶②。通过学习或参观烈士陵园或战争纪念馆缅怀中国的革命斗争历史来体验长征精神、抗洪精神等,如台儿庄战役纪念馆。(3)民俗或宗教文化旅游。主要指在某些民族自治区以参加生活民俗、特定节日或特殊民族特色的赛事活动,在宗教文化浓郁地区体验感受宗教礼仪传统的旅游活动,如五台山、峨眉山等。(4)现代文化园区体验。通过建造现代风格的文化主题公园、文旅综合体、文创产业园,使老年游客在休闲娱乐的同时体验传统文化。以文化资源吸引关联产业的共同发展,通过文化产业提升旅游产业的附加值,重在加强旅游的文化体验,例如开封的清明上河园、西安的大唐不夜城等。

---

① 卢晓靖,连福治:《医养结合背景下中老年群体医疗旅游的认知及态度调查》,《吉林广播电视大学学报》2020年第1期,第143-145页。
② 周叶:《江西文化旅游研究》,硕士学位论文,武汉大学,2014年,第24页。

（四）候鸟旅游

候鸟式旅游养老，主要是指老年人由于身体和季节变化等原因，像候鸟一样离开常住地到不同地域生活一段时间，随着气候转变又返回原驻地的一种养老模式，较为典型的就是海南候鸟旅游。这种养老模式，是旅游业和养老产业创新发展的一种新模式，集休闲度假、养生保健、探亲等功能于一身，是符合老年人对健康需求的一种养老方式。候鸟旅游养老日渐兴盛原因如下[①]：一是老龄化程度的加深使中国人口结构发生变化，越来越多的有季节性疾病的老年人群加入老年候鸟旅游行列。二是养老理念的更新，传统家庭养老功能的弱化使得空巢老人数量增多，老年人出去旅游有利于减轻孤独感，提升身心愉悦。三是经济水平的提升改善了老年人的经济状况，老年人有足够的财力支持去旅游消费。四是旅游的普及、游客消费习惯的升级和互联网技术的支持，使得老年人异地避寒或避暑更加便利，购票、居住及养老费用的支付都能高效完成。

发展候鸟旅游养老，对老年人群来说，可以提升老年人的身体健康水平，提升老年人的生活质量，降低气候变化对老年人身体的伤害，对患有心脏病、气管炎、风湿病等慢性病的老年人有积极治疗作用。老年人在从原居住地到异地时，会积极融入当地人的生活，使老年人以更积极的心态享受异地生活。对候鸟迁入地来说，候鸟旅游养老可以积极推动当地的第三产业的发展，推动休闲旅游、服务业、医疗护理、旅游业和养老地产、养老用品等行业发展，发挥老年经济的积极作用，促进当地就业，带动当地经济的健康发展。对全社会来说，候鸟式旅游养老，是一种全新的旅游产品，是家庭养老的有效补充，可减轻人口老龄化给社会带来的压力，促进社会的稳定、文化和经济的繁荣，推动养老和旅游的产业融合，推动养老产业的转型升级，带动旅游和养老等关联产业的共同发展[②]。

---

① 那翠兰：《候鸟式养老产业发展路径研究》，《商业经济》2016年第6期，第33-35页。
② 王彩燕：《候鸟型养老模式研究——以广西北海市为例》，硕士学位论文，广西大学，2017年，第4页。

（五）异地互动旅游养老

异地互动式养老主要是指各地养老机构通过在线的一体化网络将老年人的需求同养老机构供给资源对接，通过异地交换服务，对换异地客户资源，为老年人提供多样性的养老服务[①]。异地养老是伴随经济社会转型而产生的新型社会化养老模式，由于全国各地老龄化程度的不平衡性，通过发展异地互动养老可以调节不同地域养老服务的供求平衡，促进养老资源的均衡分配[②]。"异地"指老年人地域空间的转换，"互动"指老年游客、旅游公司、养老机构等主体构建的在线平台，通过各方的互动，为老人提供个性化的养老服务。不但涵盖不同地区的互动，还包含养老机构之间的互动，养老机构与服务对象之间的互动。通过有计划的互动养老，可以提升养老服务质量和生活质量。根据老年人的不同需求，可以把异地互动式养老分为如下几种类型：（1）观光旅游型养老。老人选择到气候条件适宜、自然风光秀美、人文资源丰富的地区进行观光旅游养老；（2）探亲访友型养老。老年人通过投奔自己的亲朋好友或其他家庭成员，就近选择养老院或养老机构养老；（3）异地疗养型养老。老年人根据自己的身体状况选择到适合自己养老、疗养的其他区域进行养老[③]。按照地域区分可分为东西交互式和南北交互式以及城乡交互式和城城交互式，按照逗留时间可分成短期、中期和长期旅游。异地互动式旅游养老促进了老年产业的健康升级。开展异地互动式养老还可以缓解养老资源的不平衡发展，促进养老服务的均等化，扩大就业渠道，缓解就业压力，对于缩小区域发展差距、城乡差距、大小城市的差距有重要意义。

二、物业 + 养老

中华传统养老文化注重家庭养老，提倡子女的孝悌，但是随着时代

---

① 程麓希：《基于模糊层次分析法的候鸟式养老老年人的满意度研究——以云南省安宁市 K 养老中心的调查为例》，硕士学位论文，江西财经大学，2019 年，第 5 页。
② 陆杰华，沙迪：《老龄化背景下异地养老模式类型、制约因素及其发展前景》，《江苏行政学院学报》2019 年第 4 期，第 56-63 页。
③ 张静，孙畅：《异地互动式旅游养老模式研究》，《旅游管理研究》2019 年1 月下半月刊，第 79 页。

的发展,家庭养老无法完全发挥传统家庭作用,需酌情借助社区和养老机构养老。物业作为社区的组成部分参与养老服务,不但可以丰富养老模式,而且可以延伸升级物业服务内容,提升物业服务品质,实现物业的优质升级。2013 年,国务院初次出台《关于加快发展养老服务业的若干意见》[①]。2020 年 12 月,中国相继发布《关于推动物业服务企业发展居家社区养老服务的意见》明确提出要推行"物业服务 + 养老服务",增加社区养老服务供给[②]。物业企业开展养老服务具有天然的便利条件和信任基础,物业可以利用"近民"优势,根据社区老年人的服务需求开展有效服务,充分利用社区内的养老设施和养老资源,降低运营成本,开展多元经营。

（一）"物业 + 养老"重要意义

1. 有效缓解家庭养老的供需矛盾

随着中国老龄人口的激增,养老服务的需求增多,与养老供给的不充分之间的矛盾逐渐加大,因此丰富居家养老服务亟须解决。物业企业提供养老服务可以缓解政府和家庭的压力,补充养老服务的市场主体,积极创新养老产业发展的新思路,通过借助更专业化的运营和管理来解决养老服务供求不平衡难题,加强中国的养老体系建设,推动居家养老服务体系供给侧结构性改革。

2. 可推动社区的稳定与和谐

社区治理是中国社会治理的最后一公里,物业企业参与社区居民养老服务,可以提升社区老年人的安全感和幸福感,实现社会、社区、物业企业和老年家庭的多方共赢,有利于老年人家庭的和谐和社区的稳定。除了传统物业服务,物业可开发文体娱乐、医疗护理、上门体检等养老服务,可以缓解老年家庭子女的养老压力,深化社区治理。

---

① 刘森:《政府促进智慧养老产业发展责任研究》,硕士学位论文,西南大学,2021 年,第 25 页。
② 孟伟伟:《供给侧改革背景下"物业 +"居家社区养老服务研究》,《现代营销》2021 年第 9 期,第 84 页。

3. 加速推进物业企业的转型升级

企业往往追寻利润的最大化,这要求企业必须更新经营理念,扩大经营范围,不断开拓新业务,塑造新的经济增长点,促使企业的转型和升级。人口老龄化带来巨大的市场缺口,随着物业企业开展养老服务的日益完善,物业企业未来可获得较为可观的收益。物业企业可以利用自身资源的优势,增加企业收入,实现物业企业的转型升级。

4. 满足老年人个性化养老需求

物业公司具有丰富的社区工作经验,还有专业的服务团队,不仅提供保洁、维修和保卫等24小时的物业服务,还可以通过业务拓展,加强物业企业与老年人业主间的交流沟通,了解老年人在养老方面的迫切诉求,从而提供更便利和更快捷的服务。物业企业可以随时随地上门,解决老年人的紧急求救和居家需求,发挥物业的高效优势。

5. 推动助老"时间银行"发展[①]

养老队伍所需人员较多,物业可以在街道或社区广泛宣传"时间银行"的概念,建立志愿者平台,明确时间银行账户的管理方法。多方动员助老志愿者,完成日常陪护、聊天、洗衣做饭等力所能及的活动,还可以挖掘志愿者专业优势,开展艺术、体育、养生、教育等活动,志愿活动时间计入累计账户存储,未来可以给志愿者本人或亲属使用。

(二)"物业+养老"服务内容

目前,物业提供养老服务尚处于前期探索实践阶段,服务内容主要涵盖如下方面:(1)居住方面,社区适老化改造和养老设施配套建设,养老智能家居改造。(2)餐饮服务方面,对不同年龄老年人提供订餐、配餐、送餐服务,涵盖食疗及爱心食堂餐食供应等。(3)生活服务方面,拓展日常维修、保洁、助浴、代购及其他上门服务。(4)文体娱乐方面,开展丰富多彩的文体娱乐和休闲健身、旅游推荐等。(5)医疗服务方面,

---

① 杨洁静,刘志刚:《老龄化背景下物业企业参与养老服务业的模式探究》,《服务经济》2022年第3期,第118-120页。

建立健康档案,完成日常护理、体检预约、健康讲座,协助就诊治疗[①]。(6)公益服务方面,提供各种紧急求助救援,心理疏导,志愿助老等。

(三)"物业+养老"服务模式

1. 物业+学院式养老

绿城物业 2007 年开始开展养老服务的理论研究,并逐步推动养老服务落地,2019 年绿城物业提供的养老服务已涉及 23 个大类和 124 个项目。学院式养老是参照老年大学模式提供"颐、乐、学、为"四项老年服务,老年人可选择居家,也可以选择集中或者混住,"颐"重在提供医疗服务居家护理等;"乐"是指开展各类老年娱乐活动愉悦身心;"学"是指开展老年教育,使老年人老有所学;"为"是指为老年人提供就业和重返社会岗位的机会,老有所为[②]。

2. 物业+三位一体式养老

物业集居家、社区和机构养老服务于一身,针对不同体质和养老模式,为有不同需求的老年人提供生活、医疗、心理及增值服务四个类别的服务。对于高龄老人和半自理的老人提供生活服务和上门诊疗服务,满足老年人的健康需求,注重老年人的康复护理。对于低龄和可以自理的老年人提供精神文化类服务,开展老年大学教育和老年旅居养老。物业联合专业第三方养老机构和老年培训机构,打造服务品牌,为老人提供更专业的养老服务。

3. 物业+养老服务平台

物业公司在社区内建立养老服务中心,建立全龄化助老服务队伍。入户走访老年人调研养老需求,为不同年龄的老年人制定服务菜单。联合专业医疗机构进驻社区,为不同身体和医疗要求的老年人提供不同程度的诊疗服务。加大老年服务设施,引入优质教育资源满足老年人的文化需求。借助大数据技术搭建智能养老服务平台,引入养老服务供应

[①] 万洁,段绍旗,刘方媛,张英杰:《应需响应,探索"物业服务+养老服务"可持续发展模式》,《课题研究》2021 年第 10 期,第 72-76 页。

[②] 兰瑞瑞:《老龄化背景下物业企业参与养老服务业的模式研究》,《服务经济》2022 年第 3 期,第 118-120 页。

商,建立养老服务供求平台和志愿者服务平台,充分调动社区居民的共同参与,保障老年人生活质量。

(四)未来发展方向

物业参与养老服务是养老产业创新发展的新机遇,也是继承中华传统养老文化,丰富养老模式的现实选择。未来的物业养老体系必须构建以政府为主导,以社区为支撑,以老年人需求为导向、社区全员参与、物业串联执行的多元主体服务共同参与的新路径。养老服务由一元到多元的转变,可满足老年人多层次和差异化的养老需求,形成一个开放、动态、高效、有序的社区居家物业养老服务生态系统[①]。首先,国家要制定相关政策法规来发挥政府的主导作用,加大对物业企业的转型扶持力度。其次,物业企业要增强社区和家庭的联系,吸引社区全龄人员参与养老事业,建立养老志愿者队伍,精准解决老年人的实际需求。再次,物业企业可搭建养老服务中心和养老服务平台,提升养老设施的硬件和软件建设,增大社会投资养老产业力度,吸引专业的养老机构、医疗机构、培训机构开展养老服务。最后,引导社区老年人改变传统养老观念,加大物业参与养老的宣传教育,完善与老年服务对象的沟通渠道,提升养老服务质量,解决社区老年人的养老难题。

三、互联网 + 养老

随着经济发展和科技进步,传统养老方式已不能满足老年人日趋丰富的养老需求,智能化和数字化成为养老产业的发展趋势。数字化的发展和人口结构的老龄化成为中国当代社会发展的关键词,中国政府近年来重视数字经济的发展,谋划出数字中国发展战略。据第 48 次《中国互联网发展状况统计报告》公布数据显示,截至 2021 年末,中国 60 岁以上网民已达到 1.23 亿,互联网网民逐步转移向老年群体[②]。"互联"意味着开放、联结、共享、融合,"互联网 + 养老"就是利用互联网的思维、互联网技术和互联网的商业模式改造传统发展模式,利用互联网优化配

---

① 徐顽强,张婷:《构建"五位一体"的物业养老服务体系》,《物业管理》2019 年第 10 期,第 31–38 页。

② 李颖:《互联网应用适老化改造 弥合数字鸿沟助力数字养老》,《中国人力资源社会保障》2021 年第 12 期,第 9 页。

置养老供求,开展综合性的养老服务。

（一）发展"互联网＋养老"的重要意义

1. "互联网＋"升级养老服务品质和效率

互联网与养老产业的结合可以催生服务领域的新业态,由于中国城市发展的不平衡性,导致养老服务水平和医疗水平差距较大。通过互联网的在线服务,可以优化养老资源和医疗资源,通过老年人互联网慢性病医院可以给老年人实现远程诊疗和咨询服务。老年人所需的生活照料和医疗护理及精神慰藉、应急救援等服务都可以通过互联网移动端得以实现,也可以借助互联网平台实现家庭和机构的联动,确保24小时养老服务不中断。

2. 推动智能化和精准化的养老服务[①]

互联网元素融入养老产业,可以升级传统养老服务,缩短产品生产周期,提升服务效率。互联网接入养老产业,可以丰富养老产品的种类,满足老年人更高更有针对性的需求。通过老年智能产品的研发,开发老人专享App可以提升老年人的科技幸福感,也可以针对老年人的线上需求提供更为精准的服务。养老供给方可以通过线上需求信息进行供给侧的改革和调整,养老需求方可以根据个人所需来获取智能化的产品和服务。

3. 推动养老产业的转型升级

养老产业本身是一个综合性产业,涉及养老服务业、金融业、地产业、文化产业等产业链条。伴随着互联网的发展,传统的养老产业也面临着新技术的联动效应,势必进行大规模的优化、转型和升级。"互联网＋养老"可以使老年人通过共享开放平台寻求更便捷、更丰富、性价比更高、更加人性化、服务更全面的产品和服务,互联网的商业营销模式和管理模式可以改变养老供求方的传统观念和消费习惯,实现产业在线升级。

---

① 孙建娥、张志雄:《"互联网＋"养老服务模式及其发展路径研究》,《湖南师范大学社会科学学报》2019年第3期,第46-53页。

4. 互联网技术力推"智慧养老"

互联网技术改变了生活的方方面面,科技的革新为智慧养老提供了技术支撑。伴随着网络生活走进平民百姓家,老年人使用网络和智能产品已经较为普遍。智慧养老就是对传统养老模式的科技化和智能化的升级,利用大数据、人工智能等技术手段实现养老服务的精准供给和匹配,满足老年群体的多样需求,提升养老服务效率[①]。智慧养老通过借助互联网可以降低养老成本和人力资本,对老年人实现实时的监控和预警援助,保障老年人的安全,还可借助于各级各类养老平台进行信息化整合和分析,实现养老服务和产品市场供求信息的互联和互通,实现养老服务的规范化管理。

(二)"互联网 + 养老"的主要模式

1. 互联网 + 养老服务

如今,互联网技术已经成为经济社会革新的主要推动力量。互联网 + 养老服务就是养老服务业的升级业态,利用互联思维,将互联网与养老服务业紧密相连,打造养老产业新业态,既是对传统养老服务内容的升级版,也让机构、社区和居家养老服务中心开启养老服务新时代。对养老机构来说,通过互联网升级养老机构服务设施,老年人可通过线上预约线下服务,由养老机构根据老年人的网络订单提供全方位的照料与服务。对社区来说,通过搭建养老服务平台,为社区内的老人提供救援、护理、康复和生活帮助,借助互联网医院和云诊室,将优质医疗资源引入基层社区,打造没有围墙的"虚拟养老院"[②]。对于居家养老的老年人,利用互联网建立个人健康档案,利用智能产品实现居家监控看护,为老年人提供多层次的居家服务需求。

2. 互联网 + 医养结合

随着老龄化程度的加深,医疗服务面临着供不应求的局面,从长远

---

① 陈政硕、李爱芹:《"互联网 +"背景下智慧养老困境及其发展路径研究》,《攀枝花学院学报》2021 年第 4 期,第 30-38 页。
② 青连斌:《"互联网 +"养老服务:主要模式、核心优势与发展思路》,《社会保障评论》2021 年第 1 期,第 115-128 页。

来看,医养结合是未来养老产业的发展方向,互联网技术可以推动医疗资源和养老资源的深度融合,满足老年人对健康的迫切需求。互联网＋医养结合是对传统医养模式的升级,互联网最大的优势就是开放和共享,强调服务的连贯性和优质性。通过整合养老机构、医疗机构的资源,提升资源的流通性和利用率,满足有医疗需求的老年人的需求。"互联网＋医养结合"以社会养老资源和医疗资源的优化配置为出发点,在把握中国社会的老龄化和养老产业创新发展趋势的背景下,以互联网技术为突破口,将老年群体的医疗服务和养老服务结合,主要解决医疗服务供需不对称、信息不通畅、医护人员不足、医疗资源不均衡、医疗服务短缺、财政负担较重等一系列问题,通过整合各方资源以提供专业的养老服务,提升医疗机构的救治水平和经济效益[①]。

3. 互联网＋老年教育

终身教育理念的提出使得老年教育市场需求旺盛,很多老年人在年轻的时候没有求学的条件,在退休后有时间也有精力去弥补学习的缺失,但老年教育机构的匮乏让老年大学一票难求。老有所学是满足老年人精神文化需求的重要途径,互联网技术的介入可以缓解老年教育的不足,老年线上教育资源丰富,时间灵活,老年人可以通过手机、电脑等观看相关内容,了解感兴趣的文化知识、医疗常识和生活常识等都是不错的选择。互联网对于加强农村老年教育更可以发挥事半功倍的作用,可弥补农村老年教育产品匮乏的难题,对于提升老年人的综合素质和老年生活质量有重要意义。通过老年教育还可以传承中华传统文化,转变老年人的传统养老观念,积极发挥互联网在老年文体娱乐中的作用,提升老年人的文化意识。

4. 互联网＋电子商务

人口的老龄化带来了网民的老龄化,互联网的普及改变了传统的商业营销模式,在网络时代老年人已经不再热衷于线下的实体店,消费观念的转变和线上资源的琳琅满目使得老年人日渐成为网络购物的主力军,老年电子商务也成为老年产业的新兴产业,不少电商平台专门开辟

---

① 吴铖铖等:《"互联网＋医养结合"养老模式发展现状、问题及对策》,《科技创新》2021 年第 9 期,第 38—41 页。

老年人购物专区,为老年人提供更加专业和更具针对性的产品[①]。稳定收入的老年人成为各大互联网平台最大的潜在客户群体,除了网络购物,线上虚拟产品的销售,金融产品、在线旅游等也是电子商务的发展重点。互联网线上旅游和 VR 技术让老年人实现了人足不出户但是身临其境的体验,身体不好的老年人也可以通过云旅游来踏遍世界的美好河山。

(三)未来发展方向

互联网＋养老,不是概念的叠加,而是两个产业的深度融合,是利用互联网技术升级养老模式和手段。互联是思维和理念,创新是动力,融合是内因,要培育智慧养老产业的新业态,未来发展要注意以下几点:第一,创新养老产业的发展,要体现在老年人对养老的新需求上。发展互联网＋养老,就是借助互联网提供更丰富更全面的养老资源,实现养老供给侧方面的革新以满足老年人的个性化需求,保障养老供需渠道通畅、信息对称。第二,发展互联网＋养老,借助互联网技术提升机构、社区、居家三种养老模式互联和有机衔接,扬长避短,解决养老问题既符合中华传统文化特色和中国国情,又可以与时俱进。利用大数据技术打造养老服务平台,使得产业之间、企业之间、养老机构与老年人之间实现全方位的联通,通过养老服务平台的建设,推动养老服务的规范化、标准化和精确化。第三,以老人为本,以老人的需求为本,要注重养老服务产品的创新,重点做好养老软件和平台的开发利用,加大适老产品科技含量,加速养老装备、养老设施的研发,提高老年人的便捷性、安全性和舒适度。整合养老服务商优势,发挥龙头企业的带头作用,打造国产品牌,提升养老供应商的竞争力。第四,产业发展,人才优先。注重养老人才的培养和从业人员的培训,加强对互联网思维的培养和互联网技术的应用。第五,加大对老年人群互联网知识的普及和对智能产品的认知,让老年群体顺利跨越数字化鸿沟。

---

① 李宏洁等:《中国"互联网＋养老"发展现状及启示》,《中国老年学杂志》2019 年第 12 期,第 3075—3079 页。

四、金融 + 养老

衣食无忧和精神富足是老年幸福的基础,但是老龄人口的增多加大了政府养老事业的财政负担,疾病和家庭供养的弱化导致老年人的经济状况受到较大的挑战,从而严重影响老年人的退休生活质量。老年金融业的健康充分发展影响到整个社会的稳定,如何提升老年人的收入,保障老年生活的经济安全成为解决养老产业转型的重点方向。目前,中国养老制度建立了三支柱体系:一是政府主导的基本养老保险,二是企业或职业年金,三是个人购买的储蓄型商业养老保险。截至 2022 年 3 月,第一支柱基本养老保险累计结存超 6 万亿,第二支柱累计企业和职业年金共 4.5 亿。截至 2021 年底,三支支柱占比规模分别为 67%,29%,4%。由此可见,老龄化的加剧使中国养老金结构不均衡、总量储备不足、普惠性不够全面的问题逐渐暴露,加强养老第三支柱和多层次养老保险金体系可高效增加养老金融保障的供给[①]。养老金融是指专门针对老年人,由银行、保险公司、证券公司等金融机构在养老政策法规的引领和指导下所开展的养老金融需求和服务等活动[②]。养老金融业的发展有利于增强老年人的福祉,推进金融机构的业务改革,推动金融业和养老行业的深度融合发展,可改变老年人的金融养老观念,提升财富保值升值能力。

（一）发展养老金融的意义

尊老是中华优秀文化传统,以老人为本来发展养老产业是中国对尊老传统的继承和发扬,中国一切发展的目的都是满足人民对美好生活的需求和向往,老年保障是老年生活质量提升的屏障,发展养老金融可为经济的发展提供新动力和持久活力,保障人口结构的合理稳定,弥补人口红利的缺失,这是实现中华民族复兴的必经阶段。2022 年 4 月,中国发布《关于推动个人养老金发展的意见》,就参加对象、缴费方式、缴费标准、领取方式等方面做出了具体规定,这有助于调整老年家庭的资产

① 于雷等:《中国第三支柱养老保险发展探析》,《保险理论与实践》2021 年第 8 期, 第 83-92 页。
② 樊鑫淼,魏雁飞,李丽丽:《中国养老金融发展研究》,《西南金融》2018 年第 9 期, 第 71-76 页。

67

配置,可为中国发展金融股养老产品和养老第三支柱提供指导作用。

对于国家层面来说,可以平衡养老的三支柱作用,减轻政府的财政兜底负担,促进养老储备金安全和养老金体系的协调均衡发展。受人口结构的变化、缴费率不够高及老龄化过程中的"未富先老"、老年抚养比和赡养率高等原因,中国养老金过度依赖第一支柱,第二支柱企业年金发展缓慢,第三支柱发展薄弱①。养老保险等养老金融产品尚处于发展的初期,覆盖人群严重不足,发展养老金体系可以优化中国养老金结构。引导金融企业进军养老产业,可丰富养老产业的投资和融资渠道。

对于金融企业来说,需要提升养老金融科技水平,丰富老年金融服务和产品。随着经济社会的发展,老年人的多元金融需求旺盛,要开发符合不同年龄段和不同风险承受能力的养老金融产品和保险产品,如借鉴日本经验可大力推广长期护理险,借鉴美国经验可开发住房抵押险等,对于农村家庭、慢性病家庭等特殊群体就要发挥金融产品的普惠性和福利性。要以老年市场为导向,注重金融产品的专业化发展和精准化服务,提升资产的抗膨胀能力和收益的稳定性。提升企业的管理水平和风控水平,注重投资时效,强化内部管理,为老年金融业的发展营造安全且良好的环境。

对于老年人群来说,发展养老金融可以满足不同收入水平老年人的养老需求,提升养老收益和普惠力度。经济和健康永远是影响退休老年人生活质量的重要考量,发展老年金融必须走一条稳健、安全、稳定的主线,老年金融必须解决老年人的实际金融需求。加强对老年人群的投资教育和对基本养老金融产品的宣传,鼓励老年人及早谋划养老问题,鼓励老年人购买养老保险产品,以提升老年人的老年保障水平,增加老年人的收益。

(二)常见的金融养老产品②

1. 商业银行金融养老产品

近年来,商业银行设计了中国大部分的养老金融产品。这些商业银

---

① 商灏:《刘云龙谈中国式养老金困局:未来缺口很大》,《华夏时报》2013年10月18日,第1版。
② 周言:《人口老龄化背景下中国养老金融产品发展研究》,《新金融》2020年第8期,第40—44页。

行养老理财产品的特点主要体现在投资期限较长、收益安全稳健、客户群体细分化等几个方面。单纯从风险性上看,保本收益型产品的安全性明显高于其他金融养老产品。从周期来看,投资期限相对越长的产品利率越高。2021 年 12 月,中国开启养老理财试点工作,允许工银理财等 4 家机构在武汉、成都、深圳、青岛 4 个城市发售养老理财产品。养老理财产品设计主旨重点突出稳健性和普惠性两大特点,但是还存在一些问题:(1)养老金融产业链不完善,未与地产、旅游等行业渗透。内部金融养老业务零碎未整合,由于低盈利性,银行缺乏动力,发展养老产品意愿不够强烈。(2)产品过于强调稳健,适应年龄人群包容度不够,针对中青年产品匮乏,产品设计与其他银行理财产品的区分度不高,针对性不明显。老年人参与度不高,后继力不足。(3)金融机构设施建设未考虑老年人特点,金融养老专业人才少,专业运营能力稍差。(4)部分老年人难以跨越数字化鸿沟,对于部分银行自助智能设备和 App 安装验证等操作存在较大问题,便利性和普惠性不足。

2. 保险公司金融养老产品

为促进第三支柱养老体系的发展,保险公司也设计出部分养老金融产品,主要包括如下四种:(1)以养老为目的的普通养老险。养老金是按照合同约定金额给付,投资方式比较传统保守,适合绝大部分人群。(2)浮动的分红型养老险。养老金由两部分组成:一部分为约定的固定养老金,另一部分与投保公司的经营业绩有关,因此导致养老金数额存在一定浮动。此类产品适合抗风险能力较强,预算较足,追求高额养老金的优质人群。(3)复利分红的万能型寿险。养老金也是两部分组成:保险公司首先设立个人账户,一部分合同约定的基本养老金,还有一部分额外收益来自银行复利,保险金可能受到银行一年期定期税后利率影响。此类产品比较适合投资周期长、自我约束严格、具有一定经验的人群。(4)投资连结险,是一种新型养老险方式,属于长期投资型产品,这类保险风险性高,适用于自我承受能力强的用户。除此之外,中国还可以借鉴其他国家的经验设计长期护理保险和住房抵押养老保险,将产权转给保险公司,但是由于中国老年人的固定房产情结和财产留给儿女的传统习惯,"以房养老"在中国试行效果收效甚微。

3. 基金公司金融养老产品

根据经济合作与发展组织（OECD）调查数据显示，股票和债券是大部分国家老年人的主要资产。多年来，中国社保基金、年金基金等积极参与老年产业资本市场，并获得成功。中国目前股市低迷，风险较大，因此未来公募基金将成为中国未来养老体系的一个重要组成部分。相比较而言，基金公司收益率高于商业银行和保险公司，但是周期性同债券一样，投资周期相对较长。自 2022 年 4 月《关于推动个人养老金发展的意见》问世以来，国家通过税收优惠政策鼓励老年人投资个性化老年金融产品，中国养老金发展进入新阶段，目前已有多家基金公司涉足养老金项目，例如华夏基金涉及了多种养老产品。中国 2018 年开始发行首批养老目标基金，一种是目标日期型，根据投资者不同的生命阶段的风险承受能力进行投资比例设置，还有一种是目标风险型，是根据投资者自身的特定风险偏好来设置资产的配置比例。借助公募基金，老年人个人养老储备与理财的资产配置将得到有效结合，有助于缓解中国养老第三支柱发展缓慢的难题，促进老年人财富的积累。

4. 信托公司的金融养老产品

2019 年中国首次明确提出要提高社会财富储备积极应对人口老龄化，养老第三支柱成为养老金体系中最具发展潜力的部分，创新养老型金融产品可以满足中国老年人的多样需求[1]，除了银行、保险公司、公募基金等金融类产品，养老信托产品也可以实现财富的保存升级，具有完善养老服务、完成财富传承的作用。养老信托主要分为五类：（1）养老金信托，主要围绕制度化养老金的金融服务为主。（2）养老理财信托，主要针对个人财产进行管理及财富积累。（3）养老消费信托，主要指购买养老产品或服务时获得养老消费权益。（4）养老产业信托，服务于养老产业的金融信托服务。（5）养老慈善信托，主要围绕慈善事业、公益事业展开的信托服务。近年来，信托公司大力推进"基金中的信托"产品，为老年人实施稳健安全的投资，从老年委托人的养老需求出发，通过多元化的资产配置方案实现财富传承目标。很多国家都创设了比

---

[1] 孙中锋，朱霞林，单习章：《积极老龄化视野中的友好环境建设》，《科技导报》2021 年第 8 期，第 44-51 页。

较成功的信托金融产品,如日本推出许多风险低、周期长的老年信托产品,提供关于财产、遗产、遗嘱或代支医护费用等养老服务,使得老年人可以安享晚年。信托公司可根据代理人的个性化需求和自身财富状况,丰富信托金融产品,如国投泰康信托研发了集资产管理和养老规划于一体的产品——五矿信托整合优质养老资源,积极促成养老服务信托落地。目前信托产品尚未普及,消费人群以高净值人群居多,风险相对较高,消费市场期待更多样性产品的问世。

（三）未来发展方向

创新设计金融养老产品。不仅要考虑产品的安全性、差异性和收益性,更要考虑中国传统文化和中国特殊的国情,围绕符合中国中青年和老年人的产品和服务需求进行生命全周期的产品设计,保障家庭资产的合理配置,注重长期保障和收益。鼓励支持商业银行、保险、基金、信托公司等机构提供优质养老产品,提升这些金融机构的专业服务水平,为老年人提供设计、管理、配置等一体化的服务,提高金融产品的吸引力和收益率,升级原有产品,拓宽业务范围和渠道,推动金融业和养老产业的共同发展,利用大数据和互联网平台等金融科技高新手段,构建出数字金融的养老产业相关产业链服务平台,为资本进入养老市场保驾护航,为养老产业的发展提供精准优质服务。

构建"养老 + 金融"综合服务体系。围绕老年人的衣食住行、健康医疗、护理养生、文化娱乐等方面,提供多元化的金融服务,提升老年用户的便利性和操作性。深化金融机构与养老机构、医疗机构、社区物业及养老产业的上下游企业的合作,加大对养老金融知识的普及宣传,构建"金融 + 养老"的综合服务体系。大力发展养老产业供应链金融[1],围绕产业链的各链条金融需求,推动金融服务向上下游企业拓展延伸,解决旅游养老、互联网养老、物业养老、文化养老、养老地产等新业态发展所遇到的融资问题和其他金融问题,拓宽资金来源和服务半径,激活养老金融发展潜力。随着税费政策对养老产业的倾斜和支持,养老产业的发展将为中国经济发展提供新动能,最终形成养老产业和金融业的良性发展。

---

[1] 董玉峰,兰翔英:《商业银行发展养老金融:现实逻辑、障碍与突破》,《福建金融》2021 年第 3 期,第 11-17 页。

五、文化 + 养老

受传统文化的影响，中国老年人的养老主要围绕物质、生活和精神三个内容展开。传统养老受经济水平的制约，物质供养成为主要养老内容。新时代经济结构、社会结构、人口结构等变化使得老年人的养老场所由家庭内走向家庭外，由子女的主动赡养变为老人根据自身的兴趣爱好和精神需求去主动养老，养老内容也随时代的更替由物质养老层面转移到精神养老层面。"文化养老"既继承了传统养老文化，又能体现以老人为本的理念，极具时代特色的人文关怀精神。它是在老年人物质生活得到满足的基础上，以心理慰藉、思想交流和追求精神文化需求为主要目标，彰显个性，推崇老年群体的独立与自由。老人通过文化学习、情感交流、体育健身、休闲娱乐、兴趣拓展等方式养老，以满足自身更高层次、个性化的精神文化需求，可以陶冶老年人的情操，提升老年人的生活质量，这是一种响应国家号召、积极应对老龄化的养老新业态。

（一）发展文化养老的意义

文化是人类社会精神的原动力和支撑点。对普通人来说，文化可以改变一个人的人生观和价值观。对一个国家来说，文化可以指引民族的振兴、经济的发展和国家的富强。中华传统文化相比较其他国家而言，民族特色较为鲜明，历史更加悠久，内涵博大而精深。伦理道德是儒家思想的核心，《左传》中提倡正德、利用和厚生，利用和厚生是强调物质生活，正德是强调精神生活，传统的唯老为尊的观念转向尊重老年人的自我意志。文化养老是传承中华传统养老文化、积极养老的养老方式，老年生活质量的提升不但取决于丰富的物质生活，更取决于精神文化生活的滋养状况。新时代，老年人对美好生活的向往越来越迫切，文化养老的发展对中国养老事业的发展具有重要意义。

1. 积极应对老龄化

随着全球老龄化程度的加深，传统养老方式已经难以应对，各国都在积极探索新的养老理念。1978年诞生的"健康老龄化"为破解老龄化指明了方向，注重老年人的健康，强调为老年人创造适宜的环境，包含生理、心理健康和社会适应能力三个核心理念①。2002 年世界老龄大会提出包含参与、健康和保障的"积极老龄化"的概念，积极老龄化意味着老年人在身体和心理方面均要保持健康的状态，积极面对老年生活，提升晚年生活品质。随着老年人健康观念和养老观念的改变，时间较为充裕的老年人对精神层面的需求增多②。文化养老既可以满足老年人的精神文化需求，还兼顾了老年人的心理健康，通过一系列的文体活动可以让老年人继续参与学习、娱乐、思想交流等活动，使得老年人继续发挥余热，重拾信心，获得社会的尊重和认可，继续完成自己的追求和人生价值，更加积极地去度过晚年生活。

2. 提升老年幸福感③

首先，随着中国经济的上行和社会的稳定，中国政府多年持续提升退休人员待遇，使得老年人的物质生活水平也随之提高。物质生活的极大满足使得老年人对幸福的要求提升，日渐增多的精神层面需求成为老年人更高层次的追求，以文体休闲和精神追求为主的文化养老可以提升老年生活的幸福感。其次，随着医疗水平的提升，中国老年人的平均寿命也在延长。如何高质量地度过晚年生活，如何安排充足的退休时间，成为影响老年人幸福感的主要因素。学习可以让人的精神生活更加丰富，可以让老年人生活富有意义和动力，如果老年人长时间虚度光阴，不接触新鲜的事物和知识，就会陷入孤独、失落、空虚甚至产生严重的心理精神问题，身体状况也会逐渐恶化。最后，随着更多高学历的人群进入老年，老年人群的文化层次得到提升，老年人对求学和情感的需求增多，老年人的兴趣、爱好、特长得以延续，老年人更加明确生活和人生的意义。

3. 实现中国文化强国梦

中国共产党在十八大中提出要推动文化建设，十九大提出要坚定文化自信，二十大提出推进文化自强，展现中华文化精髓。老年人是文化

① 彭玉玲：《积极老龄化视角下社会工作介入城市社区文化养老的实践研究——以 D 社区为例》，硕士学位论文，黑龙江省社会科学院，2021 年，第 3 页。
② 甘志辉：《医护嵌入型社区养老服务模式研究》，硕士学位论文，上海工程技术大学，2017 年，第 1 页。
③ 仇丽萍：《积极应对人口老龄化推动文化养老高质量发展》，《黑河学刊》2022 年第 1 期，第 107-114 页。

的建设者和传播者,是文化建设的重要力量,如何在老年生活中激发老年人的积极性,文化养老无疑是最佳的选择,文化养老是实现文化强国的有力支撑[①]。首先,文化养老的主要活动形式是文体活动,文化是文化活动的根,通过老年大学、老年兴趣班、各类社团可以对老年人实行潜移默化的熏陶和教育,通过所营造的文化氛围让老年人加深对文化的继承、创新和传播,通过不断提升自身的综合素质,确立文化自信,为实现文化强国贡献力量。其次,养老观念的革新使老年人更注重精神文化类的需求,这对繁荣中国的文化产业和文化市场具有巨大的推动作用,通过需求端的刺激来推动供给端的繁荣。最后,文化养老使得老年人对于人生的理解和人生价值的追求更加有深度,老年人的生活阅历和知识经验对于弘扬传统文化、培育中国文化软实力都有重要意义[②]。

(二)文化养老主要形式

1. 老有所乐型

老年人在刚刚退休时,往往会觉得失落,无法适应老年生活,甚至会有被社会抛弃的错觉,身体和心理都备受煎熬。其实老年人的美好生活中遍布快乐,比如健康长寿之乐、天伦之乐、交友之乐、旅游休闲之乐。老有所乐型文化养老,就是根据老年人的身体状况和心理状况,通过开展各类文化娱乐活动让老年人身心健康,乐观积极,实现健康老龄化、积极老龄化。老有所乐,关键在乐,乐就是让老年人能够开心快乐。通过挖掘文化养老资源,充分利用文化养老设施,满足老年人的精神需求和文化需求,让老年人寻求晚年生活中的快乐。

学而不思则罔,思而不学则殆。老年人也应该勤于思考,勤于学习。通过各类体育健身和竞赛活动,老年人可以增强气质,愉悦身心。通过参加各类琴棋书画兴趣班等,可以使老年人交到志趣相投的朋友,从而远离孤独、悲观,享受愉悦。老年人通过参加志愿活动,帮助别人,以助人乐为己乐,以发挥余热为己任。老年人还可以选择修身养性的旅游活动,在旅途中放松心情,发现美和快乐。

---

① 郭如良,李慧聪,刘小春:《文化养老的现实困境与实践进路》,《西南石油大学学报(社会科学版)》2021 年第 3 期,第 18-23 页。
② 芮美华:《社区智慧医养结合平台探析》,《海峡科技与产业》2023 年第 1 期,第 89-92 页。

2. 老有所学型

求知是人的本能需求,中国有句俗语"活到老,学到老",老年人也有感兴趣的学习内容。随着终身教育理念和学习型社会的提出,老年人的学习欲望强烈,对老年生活质量的要求越来越高,老年教育市场火热。老有所学,就是根据老年人的需求和特点开展内容丰富、形式多样的教育活动,从而使老年人获取知识、获得技能、充实生活。学习平台涵盖老年大学、老年兴趣班、社区养老中心、互联网教育等。通过各类课程,老年人可以掌握更多的知识技能,挖掘更多的兴趣爱好,学习使老年人更好更积极地重新融入社会,提升老年人的自我成就感。

目前,老年大学已经成为中国老有所学的主要载体。文化素质越高、经济状况较好、认知能力较强的老年人,进入老年大学学习的比例越高[1]。庞大的老年人口,使得老年教育供不应求,但老年人求学欲望和老年教育的供给不均衡,知识技能型课程供给不足,这都要求开创更多的学习机会和渠道。1983 年,中国创立第一所老年大学即山东省红十字会老年人大学。经过近四十年的发展,中国的老年大学建设取得了一定的成绩。但是,老年大学教育尚不平衡,城乡之间发展水平和不同层次的老年人之间需求各不相同,发展老年教育的任务较为紧迫。将老年教育纳入中国的教育体系,可以提升老年人的社会参与度。为老年人学习提供固定场所,可以将构建老年友好型社会落到实处。通过老年教育市场来丰富银发经济市场,可以实现养老产业和文化产业的共同进步。

3. 老有所为型

老有所为是一种积极养老观,指老年人用自己长年积累的知识、技能和经验,通过参加社会事业充分发挥自身的社会作用,以实现自我价值和社会价值[2]。老年人参加老有所为型文化养老活动,对于自己和社会都有益。由于老年人失去劳动能力,古代社会把老年人当成负担,但随着国家社保压力的增大,老年人力资源成为当今社会的财富。老年人

---

[1] 李晶:《中国老年教育的现实需要和供给对策》,《中国远程教育》2022 年第 5 期,第 26-33 页。

[2] 李莉莎:《积极老龄化视角下文化养老研究——以石家庄市为例》,硕士学位论文,河北经贸大学,2020 年,第 14-16 页。

的人生阅历丰富,他们的榜样示范作用对于弘扬社会正能量发挥着积极的作用。另外,老年人传承文化教育后代,可以为年轻人传授经验和技艺,通过参与文化养老可以继续发挥价值、服务社会。老年人通过适量参与文体活动,可以保持大脑和身心的连续运转,便于健康长寿。老年人还可以获得一定的收益,对于提升退休收入和退休生活质量都大有裨益。

(三)文化养老的未来发展方向

首先,创设文化环境,营造文化养老氛围。加大在全社会层面的宣传和普及,增强老年人文化养老的意识和理念。在社区、老年大学、老年活动中心推广文化养老的成功经验,使文化养老各参与主体积极创新文化养老的路径与方式,使老年人积极应对老龄化,主动参与文化养老。其次,丰富文化养老的载体,力争老有所乐。通过成立各类协会社团,使得老年人融入爱好相同的老年群体,避免孤独失落感,在集体生活中收获乐趣。通过加大文化养老的设施和场地建设,满足老年人对健身娱乐的需求,提升老年人的身体健康水平。通过各种经验技能的传授会,使得老年人重新建立信心,在"传、帮、带"中发挥余热、收获尊重。通过为老年人创设服务平台,推动老年志愿者队伍建设和促进老年人再就业,使得老年人老有所为,重新投身社会工作。最后,完善终身教育体系。政府加大对文化产业和教育事业的投资力度,建立线上线下一体的教育网络。加大对各级各类老年大学等基础设施的建设,根据老年人的特殊需求开设多元化的课程,注重老年教育人才队伍的开发的培养,对于农村落后地区加大资源和硬件的支持力度,实现老年人的文化与养老的融合。

六、地产 + 养老

在中国的传统文化认知中,家是归属,强调"居有其屋",有房才有家,房产提升了家庭的安全感,因此房地产业成为中国发展较快的行业之一,房产也成为大部分中国家庭总资产占比最高的部分。老龄化使中国的人口红利消失,购房的主体不再是年轻人,老年人对房产的需求不再满足于单一的居住功能,而伴随着社交、医疗、教育、金融等多元的需求。根据《中国养老产业白皮书》显示,2020 年中国养老地产市场空间将达到 7.7 万亿元,预计 2030 年将进一步扩张,达到 22.3 万亿元,未来市场潜力巨大[①]。养老地产从字面可以看出,其中包括了养老和地产双重含义[②]。养老地产是从老年人的需求出发,以适老化改革为核心的设计建造适合老年人居住和使用的房地产项目,它的开发经营与传统地产项目不尽相同。养老地产涉及保险、康养、医疗、旅游、教育、照护、文化教育、娱乐等多个行业,是依托地产项目为老年人提供综合养老服务的新业态。中国养老地产目前处于发展阶段,主要有如下几个特点:(1)养老地产分布不均衡,更多集中于经济较发达地区。(2)受传统居家养老观念影响,且地产项目本身具有周期长、投资高、收益率低等特点,养老地产企业目前亏损较多。(3)公私立养老机构两极分化严重,公立养老院一床难求,私立养老院要么收费高服务好,要么收费低服务质量低。

(一)发展养老地产的意义

第一,发展养老地产可以推动关联产业的发展。养老地产的产业链相对较长,养老地产业的发展可带动养老服务业的发展,包括医疗护理、文化教育、休闲旅游、养老金融等诸多产业。通过养老产业的新业态开发还可以创设更多的工作岗位,促进就业,稳定社会。通过养老市场的开发和养老人才的培养,使得养老地产的发展更加专业化,结合产业链的有关理论,养老地产可以辐射到整个养老产业,为经济的发展提供动力,满足老年人的多元地产需求[③]。

第二,发展养老地产业对于中国房地产业的转型和健康发展发挥重要引导作用[④]。1998 年,我国开始实行房改政策,我国的房地市场迅速发展,对中国经济的发展发挥至关重要的作用。2003 年,房地产成为我国经济的支柱产业,2019 年至今我国加强了对房地产业的调控。人口老龄化和少子化进程的加快,使得房地产价格很难大涨,房地产市场逐渐降温,房地产亟须面临转型,发展老年地产可以带动国民经济的良性发

---

① 前瞻产业研究院:《数据分析中国养老地产发展趋势》,《中国房地产》2019 年第 29 期,第 10—12 页。

② 华景斌:《美国养老地产发展及其运营模式研究》,博士学位论文,吉林大学,2022 年,第 22 页。

③ 赵建明:《青岛市养老地产市场需求分析与开发对策研究》,硕士学位论文,大连海事大学,2020 年,第 3 页。

④ 翟鹏成:《中国养老地产业发展模式研究》,硕士学位论文,重庆大学,2013 年,第 14 页。

展和可持续发展,伴随养老地产同步而起的旅游地产、适老化改造等成为经济转型的新突破口,通过老年人对养老地产的不同需求,引导我国房地产业健康有序发展。

第三,发展养老地产有利于满足传统居家养老和老年人的个性需求。随着对养老地产需求的增加,我国房地产企业的竞争压力越来越大,如何在越来越细分的市场中取得一席之地取决于老年消费者的多样与个性的需求,传统文化与新时代养老理念要求养老地产要摆脱常规住宅的区别,突出适老特性和优质服务。养老地产要满足老年人对住所的特殊需求,要考虑中华传统文化,注重人文关怀设计,要符合老年人的生理和心理特点,要建造、运营和管理配套的养老设施,建造适合我国国情的老少同居型住宅,利用高科技为老年人提供更加专业、细致服务,建立科学的养老服务体系。

（二）养老地产主要开发模式[1]

1. 综合型养老社区

可满足不同身体状况和不同收入水平的老年客户。此类地产的特点是配套设施齐全,功能性较强,可满足老年人的独居、家庭居住、医疗护理、健康养生、休闲娱乐和学习教育、交友等多元需求,配套建有酒店、医院、护理中心、休闲娱乐中心、老年教育中心等。

2. 全龄型养老社区

全龄既包含高龄人群,也包含低龄老年人。主要满足老年人的居住、育、养老、医疗等服务,解决老年人的赡养和购置房产等问题。

3. 嵌入型养老社区

改造普通的住宅项目,从中划拨部分土地进行老年地产开发,通过整合养老配套资源,为老年人养老提供养老设施和养老服务,如建立老年公寓,提供养老、休闲、娱乐、精神慰藉等服务。

---

[1] 林泽宇:《乡村振兴战略下养老地产开发模式的研究》,硕士学位论文,福建工程学院,2021年,第19页。

4.养老机构

重点照顾无家可归、生活无法自理的失能老人,不仅满足老年人的基本生活照料,还满足医疗保健、疾病护理、心理需求和精神文化需求。

5.医养综合体

充分发挥医疗资源优势,在提供基本养老服务的基础上,将养老服务和医疗护理服务相结合,建立治疗与疗养的养老保障的地产新模式。

6.异地养老公寓

老年人离开原住地,因为身体疗养、探亲或旅游等原因到异地进行养老居住的地产项目,往往以养老公寓或养老院为主,通常将养老和旅游、疗养相结合。

(三)未来发展方向

首先,准确把握市场需求,目前中国老年人的收入差距较大,工薪阶层居多,对于高端养老地产望而却步,因此未来养老地产必须细分市场,城乡之间、经济较发达地区与较落后地区应该分类开发,精准开发。另外,不同身体状况的老年人对地产和养老设施的需求也不完全一致,因此必须打造满足不同群体老年人的多层次的养老地产体系。其次,政府应该根据中国老龄化的趋势建立老年住房保障体系,加大政策支持力度[1]。对于低收入人群提供价格实惠的保障性住房或者购房补助,对于拥有多套房产的老年人可以采取住房抵押或提供租赁的方式来实现养老自由,对于房地产企业提供一定的税费优惠政策,加大房地产企业对养老地产的投资热情。再次,注重老年人的房产外延需求,延长养老地产的产业链,统筹考虑养老金融、老年医疗、老年教育等配套资源的开发嫁接。以养老地产为核心,整合地产与餐饮、医疗、旅游、保险等行业,发挥各方的优势,实现老年市场供应链的联动效应,推动社区资源共享、和谐共生、文化融合。最后,推动普通住宅的适老改造[2]。目前中国

---

[1]　栾玉树:《老龄化趋势下养老地产开发对策研究》,《房地产世界》2021年第7期,第15-22页。

[2]　沈雪:《老龄化趋势下养老地产需求研究——以沈阳市为例》,硕士学位论文,沈阳建筑大学,2020年,第59页。

的房地产市场出现供大于求现象,许多养老地产的经营惨淡,为避免产能过剩和资源浪费,应减少同质化养老地产的盲目开发。目前,中国房地产市场整体低迷,大部分老年人家庭的购房欲望不够强烈,为了减轻家庭负担,同时更利于实现居家养老,对现有住宅进行适老化改造无疑是最经济实惠且符合中国传统文化观念和大部分老年人实际需求的现实选择。

第四章 中国文化和养老产业融合发展研究——以山东省为例

中国地大物博,有着五千年的文明,各地都有特色的历史文化,而有着"一山一水一圣人"之美誉的山东省有着更为深厚的文化底蕴。作为中国历史上比较早崛起的文化中心,齐鲁之邦是中华传统儒家文化的主要发祥地,受儒家和道家影响,山东人对于礼教伦理和家国情怀尤为重视和青睐,历年来是传承养老孝道的礼仪之乡。山东省文化历史悠久,资源丰富,不仅是古代儒家思想的诞生地,还是孔子、孟子、曾子、墨子等文化圣人的故乡。从战国到秦汉时期,儒学逐渐受到封建统治阶级的认可和推崇,齐鲁文化由地域文化逐步被推广为主流文化,仁孝养老文化被上升到社会道德高度,儒家所倡导的敬爱父母、奉养等"百善孝为先"思想,演化为中华传统美德的重要组成部分,孝也成为中华传统文化的显著特色。孔子故土山东曲阜是世界旅游名城,是中国第一批国家历史文化名城,被誉为"东方耶路撒冷"。由此可见,山东省在中华传统养老文化的发展过程中占据着重要位置。

山东省不仅文化资源丰富,人口资源在全国也排名前列,是中国老年人口最多的省份。根据 2021 年最新人口普查数据,山东省 60 岁及以上人口已超过 2100 万,占比约为 20.9%,每五人就有一个老年人,高出全国平均水平,山东省老龄化相较其他省份压力巨大。2017 年至 2022 年,山东的新出生人口和人口自然增长率出现断崖式下降,老龄化程度进一步加剧。未来几年,结婚率和生育率的双降、老龄化趋势的加快,将成为山东省的常态省情。"十四五"期间,山东省计划大力发展普惠养老,推动养老产业的创新发展。截至 2022 年末,山东省工业门类数量位居中国首位,GDP 排名中国第三,山东相关养老企业数量也位居全国第一。养老市场欣欣向荣,但老年产业的发展还存在区域、城乡、行业间不平衡不充分等问题,养老保障不充分、养老保险不全面和涉老用品产品研发、人才供给不足,空巢、独居、失能老年人数的激增等难题影响着山东省银发经济的高质量发展。因此,结合文化、人口和经济等因素考虑,选择山东省作为文化和养老产业融合发展的实证研究对象,具有非常典型的学术价值和现实意义。

第一节 山东省文化养老调研现状

为搜集符合山东省实际的数据设计出《中华传统养老文化背景下老年人参与文化养老现状调查问卷》,通过问卷星调查、学生亲属调研、随机走访社区等方式,共采样 301 人。问卷主要分为四部分,包括调研对象基本情况、对传统文化和文化养老的认知现状、参与文化养老情况、对所在地文化养老开展的满意度评价等 20 项问题进行问卷调查。

由表 4-1 可以得到,整份问卷个案数 301,项目数 74,检验得到的克隆巴赫 Alpha 值为 0.820(0.7—0.98 属高信度,低于 0.35 为低信度),说明整个问卷和数据信度较高,数据采集比较可靠。

表 4-1 信度分析表

个案数	项目数	克隆巴赫系数 Alpha
301	74	0.820

由表 4-2 可以看出,整份问卷得到的 KMO 值为 0.663,说明整份问卷和数据具有有效性;近似卡方为 10085.722, df 值为 2701, Sig 值为0.000,说明该问卷具有显著性。

表 4-2 效度分析表

KMO	近似卡方	df	Sig
0.663	10085.722	2701	0.000

一、基本情况调查

包括性别、年龄、文化程度、职业、居住形式，共计 5 个问题。通过此部分了解调研对象的基本情况，以此判断对传统文化和文化养老的不同需求。从性别上看，如图 4-1 所示，男女比例约为 6 : 4；从年龄上看，66—70 岁人群占比最高占比 47.18%，其次是 35.22%，71—75 岁比例为 16.61%，根据世界卫生组织公布 2022 年中国人均寿命为 78.2 岁，所以 75 岁以上成员较少，符合正态分布。

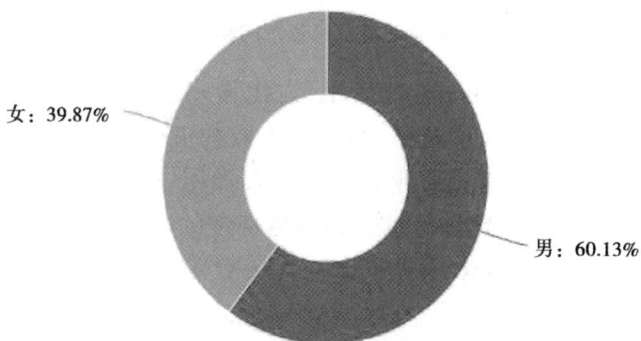

女：39.87%

男：60.13%

图 4-1　调查对象性别比例

受访对象学历统计情况如图 4-2 所示，整体学历偏低，大学及以上学历仅占比 6.31%。有近半数人群学历为初中，还有 18.6% 为小学及以下，这与受访对象的年龄特征吻合。受访老年人多数为 20 世纪50—60 年代出生，中华人民共和国成立初期，受社会环境和教育条件所限制，整体接受教育较少。调研发现，学历越高者，对于传统文化和文化养老的认可度越高，无论基于文化水平还是时间精力，较其他人群都更具优势。

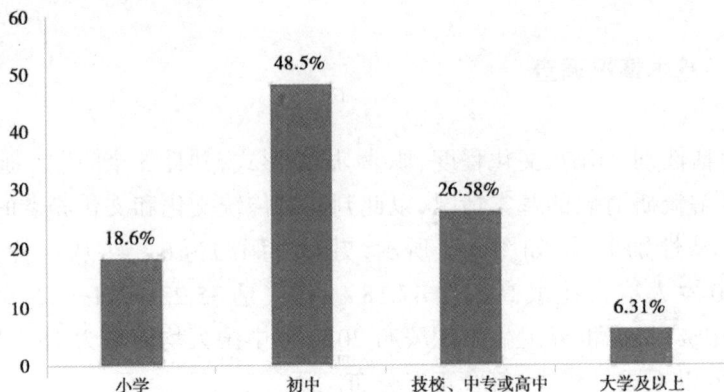

图 4-2　调研对象学历柱状图

　　受访对象的职业如图 4-3 所示,占比最多的是职工、工人,约占总受访人数的一半,其次是农民,约占总人数的五分之一,机关事业单位退休人员接近 18%,机关事业单位退休人群相较于农民和无业人群更乐于参加学习和各种文体活动。职业越稳定的人群参与文体活动的比例越高,活动场所以退休活动中心和老年大学居多,对于文化需求的意愿更为强烈。

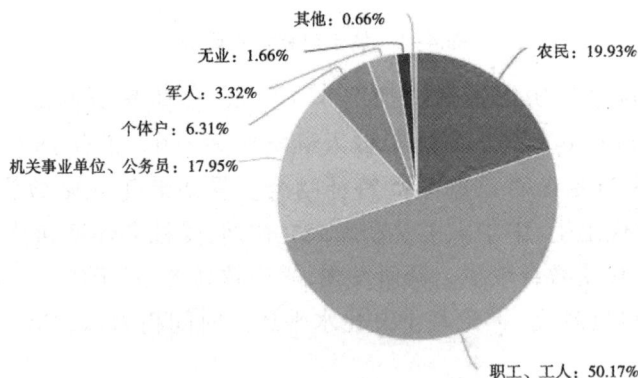

图 4-3　调研对象职业分布

　　中国目前的养老模式以居家养老为主,与调研结果相契合。如图 4-4 所示,独居、夫妻共同居住、与子女共同居住三者共占约 95%,机构养老约占 5%,这也反映出养老模式的发展还不够均衡,因此在推进文化养老方面,社区街道应该争取发挥更大的作用。

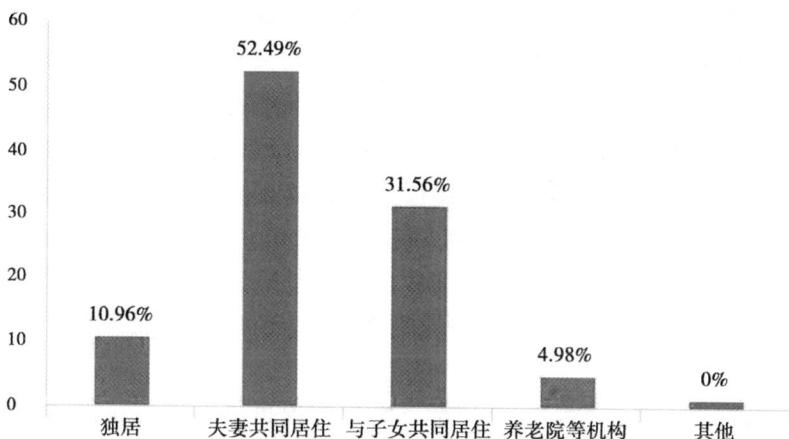

图 4-4　调研对象居住形式分布图

二、对传统文化和文化养老的认知现状

调研问卷问题主要涵盖对传统文化和文化养老的认知态度、传统养老文化涵盖内容、文化养老的价值和重要性等，力图通过这些问题来把握山东省老年群体的心理认知现状。

调研发现，如图 4-5 所示有 77.41% 认为有必要加强传统养老文化的传承，认为完全没有必要不到 1%，说明基本上绝大多数人认为应加强对中华传统文化的传承。

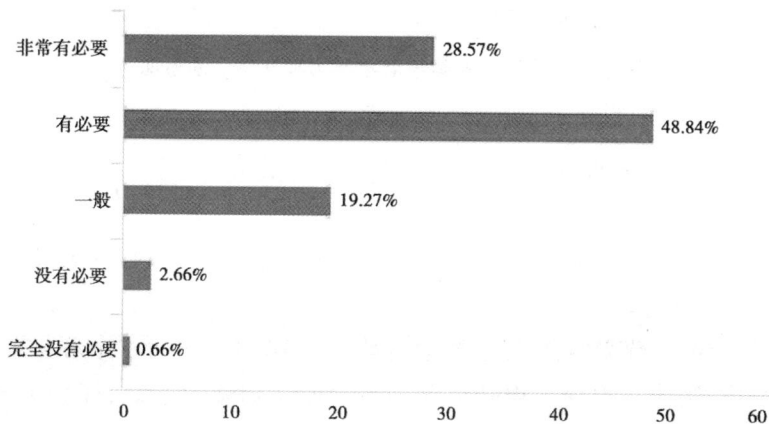

图 4-5　新时代是否应加强对中华传统养老文化的弘扬和传承认知态度

对于文化养老的概念把握方面,排名最高的是满足情感和精神需求,实现人生价值占比为51.5%,其次是利用文化体育活动来提升老年的生活质量,占比约39.87%,还有受访对象对于文化养老不了解,侧面反映平时极少参加学习活动。在对文化养老的重要性的理解上,有47.84%的人群认为比较重要,通过学习活动可以满足精神文化需求,既可以愉悦身心,还可以陶冶情操;有40.86%的认为非常重要,通过学习可以有效推进文化强国建设和文化自信;认为可有可无的接近10%,认为不太重要的约占1.66%,说明绝大多数受访对象对文化养老还是积极支持。

通过参与老年学习和文体活动意愿情况可以发现,如图4-6所示,有接近78%的受访老年人表示愿意参加,18.27%的受访老年人表现不够积极,有近4%持否定态度。整体来看,文化养老的认可度较高,有利于文化养老模式的推广。

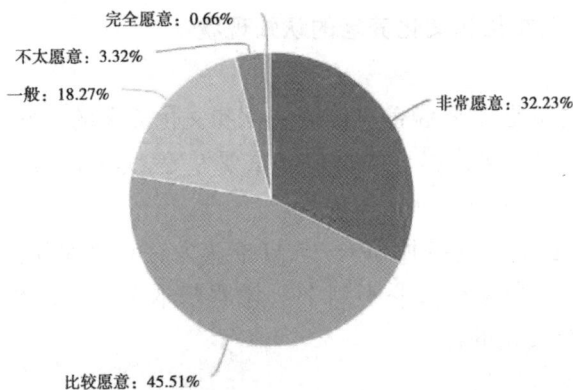

完全愿意:0.66%
不太愿意:3.32%
一般:18.27%
非常愿意:32.23%
比较愿意:45.51%

图4-6 调研对象参与老年学习和文体活动意愿

三、文化养老的参与情况

这一部分主要调研老年人参与文化养老的方式、目的、影响、活动时长、阻碍因素等。

在老年人感兴趣的文化养老活动中,如图4-7所示,补充人文、历史、科技、法律常识等知识呼声最高,占到57.14%;增强交往寻求精神慰藉的次之,占比55.48%;外出旅游研学的人群占到近41%,说明老年人对于文化旅游形式是比较欢迎的;参加各类体育健身活动的超过三分之一,说明老年人的锻炼意识比较强烈,有利于实现健康中国战略;参加兴趣爱好的文化娱乐的人也比较多,占到 28.24%,这部分群体往往学历更高一些;有 13.95% 的受访对象表示愿意加入传承传统文化的志愿者活动,这对于中华优秀传统文化的宣传、继承和传播有非常重要的现实意义。

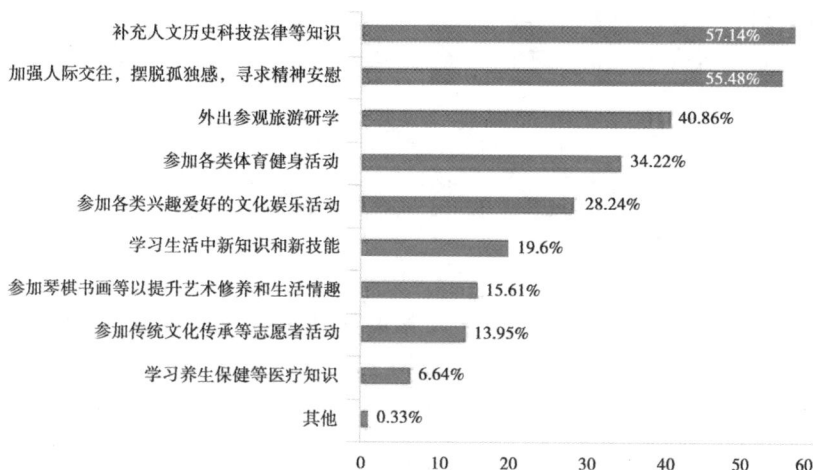

图 4-7　文化养老兴趣分布

在参与学习、参加文体活动的形式中,如图 4-8 所示,居家读书看报、收看电视广播等共占比 83.05%,这与广大老年群体居家养老模式有关;去图书馆、博物馆、文化馆参观学习和参与退休活动场所的均约占 56%,这说明下一步应加强对文化场所和退休活动场所等文化养老的主阵地建设;通过手机 App 等参与文体活动的约占 28%,这说明新媒体和互联网网络技术已经渗透至老年群体,今后可加强养老产业和互联网的融合发展;参与老年大学的比例约占 17%,很多受访对象表示老年大学相对较少,尚不能完全满足所有老年人的需求,因此加强老年大学建设也是传播中华传统文化的一个主要场所,应加大老年教育的招生规模;另外,各种社团协会及街道组织的活动参与率还不是太高,因此社区应加大宣传力度,提高老年人的参与率。

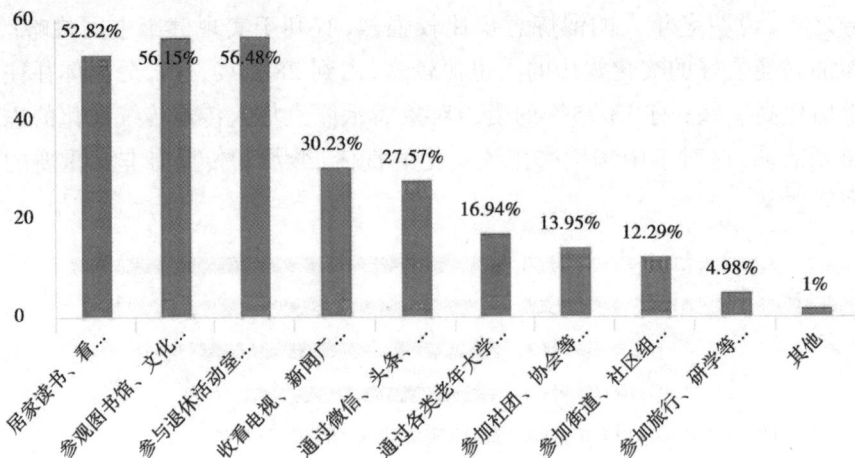

图 4-8　学习和参与文体活动的主要方式

　　调研参加文化养老的目的中,了解时政热点的比例最高,这与调研对象男性居多有关。培养兴趣和掌握新知识技能次之,再其次是结交朋友、养生保健和消磨时间。在文化养老的主要影响当中,60% 受访对象表示心态提升;近 50% 受访对象表示结识了更多朋友;46% 受访对象表示身体健康;44% 受访对象表示丰富了退休生活;32% 受访对象表示通过学习收获了新的知识或技能;12% 受访对象表示自身价值得以延续。

　　在参与文化养老时长调研中,如图 4-9 所示,所有的受访对象均表示有参加学习或文体活动,近 63% 人群集中在 1—2 小时,2—3 小时次之占比近 20%,这得益于大众终身教育理念的普及,有利于学习型社会的建立。

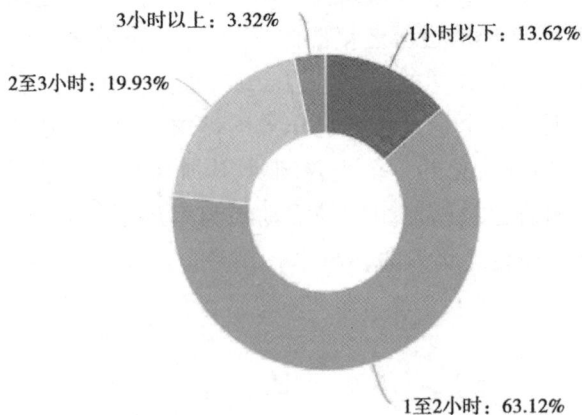

图 4-9　每天参与学习和文体活动的时间

由图4-10得知,阻碍老年人参加学习和文体活动的因素分析分两个层面。个人层面上,排名前四的分别为文化程度不高、经济条件不允许、时间不自由和身体状况不支持;硬件层面上,主要表现为缺乏专业人员组织和缺乏活动场所。

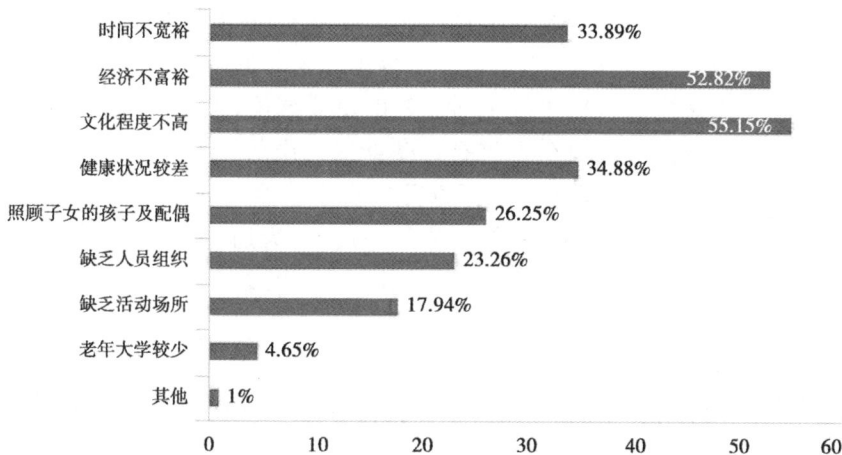

图4-10 参加老年学习和文体活动的阻碍因素图

四、对文化养老服务的评价

主要包括政府机构重视程度、文化养老的服务评价及存在问题。综合调研结果发现受访对象所在地多数较为重视,活动开展较为丰富,存在问题比较多的集中于文化养老服务场所需求和供给的不平衡(60.47%),专业服务人员缺乏(57.48%),文化生活不够多元化(49.5%)。

第二节 山东省文化和养老产业融合发展现状分析

一、山东省文化产业发展现状

山东是中华古代文化的发祥地,是著名的文化大省,自古至今都传承着中国优秀的文化传统，素有"齐鲁之邦，礼仪之乡"的称谓。近几年，山东省一直致力于文化强省建设，把加快文化产业领域供给侧结构性改革作为主线，结合新旧动能转换发展大势，成绩斐然。其中，规模以上文化企业数量增加迅速，大项目投资大幅度增长，文化产业结构优化、转型升级加速，产品竞争力和文化软实力不断提升，社会效益和经济效益也大幅提高。文化创意产业是山东省重点发展的新旧动能转换十强产业之一，既是满足人民美好生活需要的重要载体，又是文化强省建设的重要支撑。近年来，山东省政府高度重视文化创意产业发展，先后在文化旅游、文化科技、文化金融等方面出台了一系列政策措施，产业规模持续壮大，新业态、新模式、新动能加速成长，为加快实现文化强省目标迈出了坚实步伐，将积极培育文化产业新动能、新业态、新技术、新模式。①

尽管山东省文化产业发展势头不错，但还存在如下问题：一是对传统文化的挖掘开发力度还不够，文化资源优势尚未转化为产业发展优势。二是文化产业整体规模不足，与山东省文化大省的地位还不够匹配，区域发展不够平衡，文化产业经济增加值对经济增长的贡献度仍然较低，东部沿海地区整体优于西部。三是产业结构不够合理，新型业态发展缓慢，文化与制造、旅游、农业、养老产业等领域的融合发展不够深入，文化服务业的发展滞后，文化产业价值链条总体较短，高端价值环节较少，产业附加值总体较低。四是龙头企业整体实力和竞争力弱，知名品牌尚未形成。上市文化企业数量稀少，没有起到引领和带动作用，省内尚未形成具有国内外知名品牌的龙头企业。五是创新驱动发展不足，文化产品近似，严重缺乏特色，缺乏具有个性化的产品和服务，商业模式较为雷同，文化领军型人才不足。

二、山东省养老产业发展现状

根据国家统计局第七次人口普查数据显示，山东省65岁以上老年人约1536万，老年抚养比22∶9，是全国老龄化最为严重的几个省份之一。由此可见，山东省的养老服务的挑战与压力是巨大的，但与此同时，如此庞大的老年人口也预示着巨大的市场潜力和发展前景。从养老服

---

① 苏锐：《齐鲁风光好 文旅气象新》，《中国文化报》2022年8月5日，第1版。

务业来看,山东省养老服务机构和养老服务床位数量少且分布不均匀,尚不能完全满足老年人的养老需求。从养老金融来看,金融产品市场处于起步阶段,销售情况惨淡,尚未得到老年人的完全认可。从养老旅游来看,山东省老年旅游收入和旅游人数攀升,较其他产业表现优异。从文化养老来看,现存的老年文化资源供给不足、城乡和区域发展不平衡、保障机制不健全、社会力量参与度不高等问题突出,严重制约着文化养老的健康发展。从养老地产来看,近年来山东省积极发展养老地产,由相对单一的居住型产品向多元化产品转变,开发出集居住、服务、商业、医疗护理等功能为一体的综合性养老社区及养老公寓、照料中心等养老服务设施,但是整体来看养老地产周期长、投资巨大,导致养老地产项目较难盈利。

三、山东省文化和养老产业融合发展现状

（一）完备政策支持

2014 年 9 月,山东省人民政府印发《关于加快发展文化产业的意见》,推进文化产业与旅游业、特色农业、体育产业、养老产业等融合发展。2016 年 2 月,山东省发布了《山东省养老服务业转型升级实施方案》,提出打造"孝润齐鲁·安养山东"的文化养老品牌。2021 年 8 月,山东省政府办公厅公布《山东省"十四五"养老服务体系规划》,提出要大力推动产业融合发展。实施"养老＋行业"行动,支持养老服务与文化、旅游、餐饮等行业融合发展,创新和丰富养老服务产业新模式与新业态,拓展旅居养老、文化养老、健康养老等新型消费领域。

（二）养老文化深厚

山东是中华文明重要的发祥地,齐鲁文化博大精深,孔孟儒家思想对于中华传统文化发挥了重要的作用。为了发挥传统文化在老龄化中的积极作用,山东省深挖儒家传统爱老养老敬老文化资源,着力发挥文化在养老难题的引领作用,积极推动开展文化创新和文化养老,充分发挥孝悌文化优势,营造尊老爱幼的家风。利用省内丰富的公共文化资源,丰富老年人的精神文化生活,通过健全老年人关爱服务体系,持续

增强广大老年人的幸福感。山东省公共文化服务单位,在文化设施配置、文化资源提供、服务创新等方面将服务老年人作为重点内容,相关文化服务单位通过举办老年文化节、传统节日文艺汇演等活动,引导老年人积极参与文化活动①。

(三)品牌建设欠缺

山东省老年文化产业大多是围绕文化产品与服务的供给上,形成产业集聚的企业或是具有影响力的品牌较为稀少。文化企业以实力雄厚的国有企业为主,大多数私营企业规模偏小竞争力弱,尤其是在老年文化品牌的打造上,以老年群体为主要受众的文化产品更是屈指可数,文化产业增加值占全省 GDP 的比重还不够高。省内仅有济宁市以打造"儒乡圣地,孝养济宁"养老服务品牌为主线,立足孔孟之乡深厚的文化底蕴,致力于文化养老品牌的规模化、品牌化、连锁化发展。

(四)融合深度不够

山东省文化资源深厚,但是没有得到充分挖掘,文化资源与文化产品和服务的开发结合不够,齐鲁文化对老年文化产业的渗透力和辐射力不强。目前山东省缺少齐鲁特色老年文化产业,在文化产品服务和品种的开发与推广中,未能将老年群体与特色文化资源融合。老年人文化养老模式还较为单一,文体娱乐活动较多,缺乏文化资源与养老产业的深度融合。基础设施还不够完善,文化养老的平台建设和人才队伍建设滞后,老年教育形式以各级各类老年大学为主,但是许多老年大学入学难,导致老年人较为丰富的精神文化类需求与匮乏的文化活动供给存在严重不匹配现象。

---

① 杨蕾:《山东省老年文化产业发展现状及路径分析》,《智库时代》2019 年第 6 期,第 134 页。

第三节　山东省文化和养老产业耦合协调度模型的构建

一、评价指标的建立

本书通过结合文化产业和养老产业的相关概念,按照数据的科学性、准确性、相关性及可获得性原则构建产业效益、产业机构、产业规模3个一级指标,以及文体、娱乐业生产总值等24个二级指标的文化产业与养老产业耦合发展的评价指标体系(见表4-3),因山东省老年大学数量无法获取准确数据而删除此项指标。

表4-3　山东省文化产业与养老产业耦合发展评价指标体系

	一级指标	二级指标	单位
子系统	产业效益	文体、娱乐业生产总值	亿元
		文体与传媒财政预算支出	万元
		人均教育文化娱乐服务支出	元
		文化事业费	万元
文化产业	产业机构	各级体育社会组织数	个
		博物馆、图书馆数	个
		文化馆、艺术馆、文化产业示范基地	个
		全民健身运动会赛事活动数	个
		群众文化服务业、艺术教育业从业人数	人
	产业规模	文体、娱乐业从业人数	万人
		文化行政主管部门从业人数	人
		文化市场经营机构从业人数	人
		公共管理、社会保障和社会组织生产总值	亿元
		人均卫生总费用	元
	产业效益	居民基本养老保险累计结余	亿元
		离休、退休人员保险福利费用	万元

续　表

一级指标	二级指标	单位
产业机构	养老服务机构和设施数	个
	养老床位	万张
	卫生机构数量	个
养老产业 产业规模	卫生机构床位数	万张
	卫生和社会工作从业人数	人
	公共管理、社会保障和社会组织从业人数	人
	65 岁及以上人口占比	
	企业退休人员人均养老金	元

二、数据来源及标准化处理

本书数据来源于 2016—2020 年《山东省统计年鉴》和山东国民经济和社会发展统计公报[①],经整理得到原始数据矩阵:

$$A_{5\times24} = \begin{pmatrix} x_{11} & x_{12} & \cdots & x_{124} \\ x_{21} & x_{22} & \cdots & x_{224} \\ \vdots & \vdots & & \vdots \\ x_{51} & x_{52} & \cdots & x_{524} \end{pmatrix}$$ 其中 x_{ij} 表示 i 年第 j 个指标.

由于 24 个指标均为正向指标,采用极差标准化法进行处理。因标准化过程中所用数据与最小值相等时分子为 0,所以所有数据统一加 0.001 处理,得到:

$$x'_{ij} = \frac{x_{ij} - \min\{x_{i1}, x_{i2} \cdots x_{i24}\}}{\max\{x_{i1}, x_{i2} \cdots x_{i24}\} - \min\{x_{i1}, x_{i2} \cdots x_{i24}\}} + 0.001, \quad j = 1,2,\cdots24.$$

三、利用熵值法求解各评价指标的权重

(1)第 i 年第 j 项指标占该项指标整体的比重为

$$P_{ij} = \frac{x'_{ij}}{\sum\limits_{i=1}^{5} x'_{ij}}, j = 1,2,\cdots24.$$

---

① 山东省统计局:http://tjj.shandong.gov.cn/col/col6196/index.html.

（2）第 i 年第 j 项指标的熵值为：$E_j = -\dfrac{\sum\limits_{i=1}^{5} P_{ij} \cdot \ln P_{ij}}{\ln 5}, j = 1, 2, \cdots 24.$

（3）第 j 项指标的差异系数为：$D_j = 1 - E_j, j = 1, 2, \cdots 24.$

（4）第 j 项指标的权重为：$W_j = \dfrac{D_j}{\sum\limits_{j=1}^{24} D_j}, j = 1, 2, \cdots 24.$

四、耦合协调度模型的构建

（一）构建耦合度模型

结合物理学中耦合模型，求出文化产业和旅游产业的耦合度：

$$C = 2\sqrt{\frac{C(x) \cdot P(x)}{[C(x) + P(x)]^2}}$$

其中：$C \in (0,1]$。C 越接近 1，表示各子系统间的耦合度越大；C 越接近 0，表示各系统间的耦合度越小，各变量处于无关且无序发展的状态[1]。

（二）构建耦合协调度模型

$$D = \sqrt{C \cdot T} \quad 其中：T = \alpha C(x) + \beta P(x), 取 \alpha = \beta = 0.5$$

C 为耦合度，协调度 D 指耦合相互作用关系中良性耦合程度的大小，可体现出协调状况的好坏，T 是协调指数，因为此模型认为文化产业和旅游产业同等重要，因此待定系数同取 0.5。

五、耦合协调度的评价标准

根据产业耦合协调度结果选择耦合协调度区间，从而确定协调等级和协调程度，如表 4-4 所示。

---

[1] 吴清，谢瑞萍，宋晨：《广东省旅游—经济—环境耦合协调发展研究》，《生态经济》2021 年第 4 期，第 140-146 页。

表4-4　山东省文化产业与养老产业耦合协调度等级划分

耦合协调度区间	协调等级	耦合协调程度
（0—0.1）	1	极度失调
[0.1—0.2)]	2	严重失调
[0.2—0.3)]	3	中度失调
[0.3—0.4)]	4	轻度失调
[0.4—0.5)]	5	濒临失调
[0.5—0.6)]	6	勉强协调
[0.6—0.7)]	7	初级协调
[0.7—0.8)]	8	中级协调
[0.8—0.9)]	9	良好协调
[0.9—1.0)]	10	优质协调

第四节　山东省文化和养老产业融合发展的实证研究

一、山东省文化产业和养老产业耦合发展评价指标权重

经计算,得到山东省文化产业和养老产业耦合发展评价指标权重,如表4-5所示。

表4-5　山东省文化产业与养老产业耦合发展评价指标权重

子系统	一级指标	二级指标	指标指向	权重
文化产业	产业效益	文体、娱乐业生产总值(亿元)	+	0.053904067
		文体与传媒财政预算支出（万元）	+	0.041631039
		人均教育文化娱乐服务支出（元）	+	0.015906459
		文化事业费(万元)	+	0.06380583
		各级体育社会组织数(个)	+	0.164601617
		博物馆、图书馆数(个)	+	0.016440345

子系统	一级指标	二级指标	指标指向	权 重
	产业机构	文化馆、艺术馆、文化产业示范基地(个)	+	0.010549157
		全民健身运动会赛事活动数	+	0.06956738
		群众文化服务业、艺术教育业从业人数(人)	+	0.000398048
	产业规模	文体、娱乐业从业人数(万人)	+	0.012203991
		文化行政主管部门从业人数(人)	+	0.089770557
		文化市场经营机构从业人数(人)	+	0.054836299
		公共管理、社会保障和社会组织生产总值(亿元)	+	0.029142171
	产业效益	人均卫生总费用(元)	+	0.061794901
		居民基本养老保险累计结余(亿元)	+	0.152143604
		离休、退休人员保险福利费用(万元)	+	0.0243028
养老产业	产业机构	养老服务机构和设施数(个)	+	0.079870641
		养老床位(万张)	+	0.002164282
		卫生机构数量(个)	+	0.002545144
		卫生机构床位数(万张)	+	0.015429684
	产业规模	卫生和社会工作从业人数(人)	+	0.000989017
		公共管理、社会保障和社会组织从业人数(人)	+	0.00027889
		65岁及以上人口占比	+	0.029259627
		企业退休人员人均养老金(元)	+	0.008464132

二、山东省文化产业的综合发展水平评价

根据 $C(x) = \sum_{j=1}^{12} W_j x'_{ij}$, $i = 2015, 2016, \cdots 2019$, 得出（表 4-6 ）。

表 4-6　山东省文化产业发展水平

年份	2015	2016	2017	2018	2019
文化产业发展水平	0.099187218	0.105598753	0.1228733	0.128370237	0.137585281

三、山东省养老产业的综合发展水平评价

由 $P(x) = \sum_{j=13}^{24} W_j x'_{ij}$, $i = 2015, 2016, \cdots 2019$, 得出（表 4-7 ）。

表 4-7　山东省养老产业发展水平

年　份	2015	2016	2017	2018	2019
养老产业发展水平	0.062058513	0.071376842	0.081000846	0.091016053	0.100932957

四、山东省文化和养老产业耦合协调度分析评价

如表 4-8 所示，2015—2019 年文化产业和养老产业的发展都呈上升趋势，耦合协调度值在增大，协调等级从 3 级上升到 4 级，但整体协调程度还处于失调状态，融合度不够深入。从发展水平来看，文化产业的发展水平高于养老产业，2015—2019 年期间文化产业发展水平的平均值约为 0.1187，五年平均增长率约为 8.52%，同期养老产业发展水平平均值约为 0.08123，五年平均增长率约为 12.9%。从同步类型来看，如果 $C(x) > p(x)$，则养老产业的发展相对滞后；如果，则文化养老产业的同步发展；如果 $C(x) < p(x)$，则文化产业的发展相对滞后。按照此标准，山东省属于养老产业发展滞后型。纵观 5 年数据整体来看，如图 4-11 所示，养老产业发展滞后于文化产业，但是养老产业未来必将成为山东省乃至全中国的朝阳产业。

表 4-8　山东省文化产业与养老产业发展耦合度、协调度

年份	耦合度 C 值	协调指数 T 值	耦合协调度 D 值	协调等级	协调程度
2015	0.973128759	0.080622866	0.280100749	3	中度失调
2016	0.98112575	0.088487797	0.294648361	3	中度失调
2017	0.978681501	0.101937073	0.315854282	4	轻度失调
2018	0.985398013	0.109693145	0.328772576	4	轻度失调
2019	0.988122729	0.119259119	0.343282167	4	轻度失调

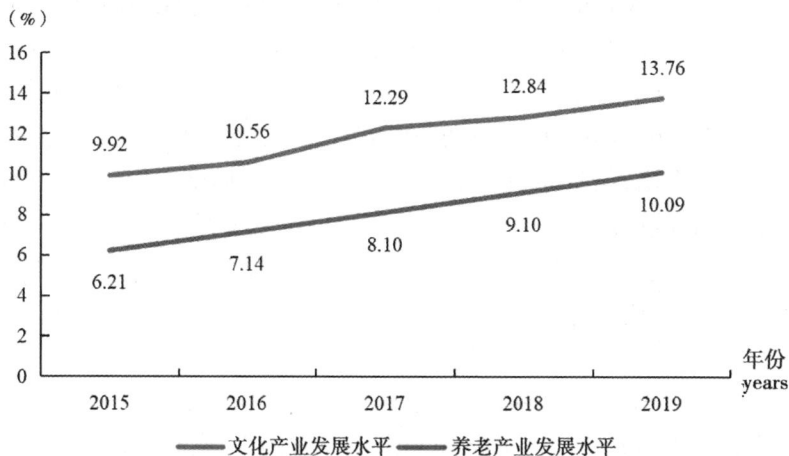

图 4-11　2015—2019 年山东省文化产业和养老产业发展水平

第五节　山东省文化和养老产业融合发展的建议

通过调研山东省文化养老现状和产业耦合度发现,山东省文化底蕴深厚,文化产业发展势头强劲,但是养老产业的发展有待进一步加强,保护传统文化迫在眉睫。老年大学数量不足,养老设施资源分布不够均匀,受孝文化影响很多老年人不愿意入住养老机构,老年人群体养老理

念需要更新,精神文化养老所受关注度不够。因此,需从如下几点做好养老产业的发展。

第一,政策和资金层面需加强。中国和山东省均发布了许多涉老法律条例意见,但是缺乏对相关政策的规范管理和监督,造成有些政策难落地难执行。在资金扶持上,应该换位考虑养老机构和养老从业者的实际困难,提高优惠补偿和扶持的力度,对于养老护理专业所需的人才加大补贴力度,减少大中专相关毕业生和社会人才的流失,对于优秀人才给予一定的政府津贴。完善养老保险相关制度,提升老年人对养老金融产品认知,扩大普惠性范围,丰富养老产品的种类。在养老资源的分配上,加大对老年大学的投入力度,养老设施适当向农村区域倾斜。提高老年人的收入,创设鼓励老年人就业的政策环境。

第二,孝道文化传承层面需加强。孝道文化是中华优秀传统文化,孝敬父母长辈更是中国传统美德,在增强民族和家庭的稳固和睦上起到无可替代的作用,但是在现实生活中,却出现了"啃老""弃老"等不文明现象,因此政府应该加强对公民的孝道文化的宣传教育和推广,通过树立典型和模范,创立良好的文化氛围和舆论环境。在家庭教育和学校教育中,应该把敬老养老孝老作为思想政治和道德教育的重要内容,引导孩子从小接受、传承优秀传统孝道文化。

第三,推动养老产业高质量发展层面。首先要创新养老产业的业态,打造养老产业多元化的产业格局和产业模式的多样化。鼓励养老市场的多元参与,深入挖掘养老需求,利用新技术提升养老服务的专业化,提升养老产业发展的质量,推动养老和医疗、金融、文化等行业的深入融合。其次,开拓激发养老产业的活力和持久力,养老产业属于周期较长、上下产业链外延较广、投资较大的行业,因此要注重市场的整体效应和互动效应,提升养老产业链的市场规模和经济带动效应。最后,改善营商环境,筑牢养老产业的产业基础。借助政府的发展规划,合理养老产业布局,解决影响养老产业高质量发展的难点问题,为各投资主体做好服务,加强对养老产业的行业监管,坚决打击养老产业领域范围的违法行为,为养老产业的发展创造良好环境。

第四,更新老龄化理念层面。中国老年人受传统思维的影响,有的老年人完全依赖儿女,有的老年人把自己毕生积蓄及所有的精力都放在儿孙身上,还有的老年人极度排斥养老机构,此类养老观念均有些极端。老年人应该树立自主自立、健康积极的观念,养老模式视自身家庭情况和健康状况自主决定,合理管理分配自己的财产和精力,积极主动地参与各种旅游健身、文艺爱好或老年大学课程。改善对再就业的认知,客观认识养老机构的作用,建立正确的消费观,从而可以更好地传承中华孝道文化并促进养老产业的健康发展。

第五章 以传统文化促进中国养老产业发展的国内外经验借鉴

第一节 以传统文化促进养老产业发展的国际经验借鉴

一、日本养老产业发展的经验借鉴

据世界卫生组织报告,日本是世界上最长寿的国家,是较早进入老龄化社会的国家,也是公认最适合养老的国家。据日本总务省统计,截至 2022 年 9 月,65 岁及以上人口占总人口比例高达 29.1%,这标志着日本已进入超老龄化社会。随着老龄人口的增多,老龄人口的比例还会继续提升。为应对少子和老龄化加剧的不利局面,日本通过建立完备的法律政策体系、社会保障体系和养老服务体系来推动养老产业的发展。经过多年探索,养老产业进入健康稳定发展阶段,有超 70% 日本养老机构处于盈利模式。日本成功的发展经验吸引了世界各国的目光,其精细化和人性化的服务理念更是成为全世界学习的样板。日本与中国一水之邻,文化背景相近,老年身体素质类似,且自古以来中日文化交流频繁,近些年中日就养老产业高峰论坛、合作、交流较多,因此学习和借鉴日本发展养老产业的成功经验对于解决中国人口老龄化问题具有参考性的价值。

（一）日本传统文化

（1）受中国儒家思想影响，日本也有尊老爱幼的文化传统。类似于中国的重阳节，日本规定每年九月第三个周一是敬老节，设立此节日旨在全社会鼓励尊老敬老。这一天日本各地都会自觉为老年人举办各种庆祝活动，以法定假日形式鼓励年轻人回家陪伴老人，政府也会发放敬老金给70岁以上老者。如今，日本的高龄化在不断加深，尊老理念更是渗透各行各业，为了让老年人生活更加方便，公园、敬老院、餐馆等很多公共场所都提供更方便老年人的人性化、极致化的服务。日本养老法制较为健全，公立养老院养老费用非常低，养老护理注重维护老人的尊严，介护保险更是降低了日本老年人的养老成本，老年智能产品和老年住宅以提供专业化、适老化的服务著称。

（2）"一生悬命"[①]是古代日本人的价值观，传统寓意是武士用生命守护自己的领地，在现代文化中演变为花费毕生精力，精益求精，努力把工作做到极致，也就是"匠人文化"。日本人把人生的价值体现在工作上，在做各项工作时候习惯未雨绸缪，极其重视对细节的处理，这种既专业又事无巨细的匠人精神，将人生价值与工作的完美程度结合在一起。在日本的文化认知中，他们认为只有把工作做到极致，产品和服务做到极致，才能实现人生价值。日本的细节教育和习惯养成具有悠久历史，关注细节是日本的民族精神。日本人对于卓越和品质的追求，对于更高技艺的追求，早已成为全日本深入骨髓的价值观。

（3）由于特殊的自然环境和资源稀缺等客观条件，日本民族特别注意节俭和勤奋，这种优秀品质和文化传统在一代代的日本人中流传下来。日本人崇尚通过自己的勤奋和努力工作，来获取别人对自己的肯定和尊重。勤奋与自我奉献是人人追求的传统文化，老年人的养老观念理解为"不工作会变老"[②]，因此很多岁数较高的日本老年人再就业比较普遍，践行着终身不退休的理念，力求通过工作实现自我价值。政府鼓励老年人就业，日本人认为自己越辛苦，说明人生意义越大，2022年65—69岁老年人的就业率已超过50%。老年人工作认真，辛勤敬业，热情自

① 杨会敏，卞宏飞：《中日史传作品中的项羽形象比较》，《文学教育（上）》2022年第8期，第160-162页。
② 傅蕾，吴思孝：《日本老年人力资源开发的经验及启示》，《中国劳动关系学院学报》2022年第2期，第85-94页。

信,永不服老的精神和态度获得了社会的尊重。

（4）日本传统文化提倡"独立与尊严",提倡自己的事情自己完成,每个公民都要力争做到不给社会添麻烦。与中国文化"养儿防老"不一样,在日本养儿未必防老。日本老年人生活较为独立,家庭养老以护理保险制度为基础,不同于中国家庭由子女护理。老年人提倡活出自我,活出尊严,不给别人添麻烦,但是高龄独居老人也面临"孤独死"的风险。日本年轻人受西方文化的影响在经济上不依赖父母,像买房、买车、照顾幼儿也不需要父母帮忙。与中华儒家思想不同的是,在对"忠孝"观念上,中国文化习惯"百行孝为先",在日本"忠"高于"孝",对天皇尽忠视为最高道德。另外,中国文化的孝主要体现在血缘维系的家庭宗族,而日本混淆忠孝,将孝转移到统治阶级,孝仅仅针对自己的父母或祖父母。

（5）日本号称大和民族,民族精神核心就是"集体主义"。由于特殊的地理环境和单一民族特性,日本忧患意识和民族危机感较强,受稻作文化的影响,集体主义是日本奉行的民族传统文化模式,不提倡个性。这种集体主义文化要求个人要为国家、集体奉献全部的努力。与中国传统文化不同的地方是,中国更强调国家和集体的利益,而日本文化有意识地强调集体对个人的支持和让个体找到归属感。集体主义使日本政府在面对养老问题时尤其注意"公共福祉"。作为老年人个体,集体主义使有共同爱好的老年人很容易融入养老院的共同生活。部分日本人创新了养老模式——组团养老"老老看护",相互独立,互相帮助。

（二）日本养老产业发展的经验及借鉴

1. 完善法律助力养老

日本人的寿命全球第一,除去经济和医疗因素,这得益于日本政府对养老的重视,养老产业的发展稳定有序,法治体系健全。日本养老制度最早起源于明治时期,1874年政府颁布《恤救规则》救助贫困老人,1929年颁布《救护法》并于1932年实施,1950年颁布《生活保护法》确立老年福利制度。二战结束后日本经济复苏,1959年颁布《国民年金法》,主要解决国民养老金来源问题,1963年颁布以全体老人对福利对象的《老人福利法》,开始推行社会化养老。1973年日本实行免除70岁以上老人医疗费的福利制度,1983年废除此项制度的基础上制定了《老人保健法》，改变之前重医疗轻保健的理念。为保证老年人安享晚年，解决老龄化带来的社会问题，1986 年日本内阁颁布《长寿社会对策大纲》，1987 年颁布《社会福利及介护士法》，1988 年制定《实施老龄福利社会措施的原则与目标》[①]。1989 年制定《促进老年人健康与福利十年战略规划》，确立了对高龄者的"保健医疗福利"服务的基本方针。1994 年制定了《新黄金计划》确立社会养老，1995 年制定《老龄社会对策基本法》，1997 年制定《介护保险法》，2000 年 4 月开始正式实施[②]。2001 年4 月日本开始实施《高龄者居住法》，以保障高龄者老有所居。2002 年颁布实施《社会福祉士及介护福祉士法》，为专业护理人才培养提供法律依据。同年推出了《21 世纪黄金计划》，构建面向全体公民的养老服务体系。2004 年颁布《护理社会保险法》等，保障了老年权益和从业人员的权益。总之，为应对日益严重的人口老龄化，日本颁布了许多引导养老产业发展、保障老年人及相关从业者权益、养老机构规范管理的政策，这对日本养老产业的成功运行发挥了至关重要的保障作用。

2. 人性化养老服务与精细化管理

服务的人性化与管理的精细化是日本养老服务的核心竞争力，也是日本人将工作做到极致的体现，从细节着眼，从细微处入心，积少成多，注重体验。从政府层面，政府高度重视老年人生活，比如每年给 65 岁以上老人 20 万日元用于住宅适老化改造，购买老人护理用品时由政府承担 90%，个人负担 10%。根据身体健康状况评定护理等级，支付护理保险费。对于孤寡老人，通过"安危确认制度"掌握老人近况。对于养老机构来说，日本养老机构以老年人的需求为导向，根据老年人的身体、心理和健康需求，提供个性化服务。养老机构所有的设施包括床、马桶、浴缸、桌椅等均按照老年人的特点进行规划设计，从细节处考虑老年人的需求和感受。在居室设计上，既考虑了老年居住者的便利性，还考虑到对老年人心理的适应，将环境布置得更加温馨，由于日本是自然灾害频发的国家，因此设施还着重考虑到安全性和逃脱性。对于失能的老年人配备专业护理团队，以意志训练来让患者重拾信心，对弥留之际老人

---

① 赵晓征：《日本养老政策法规及老年居住建筑分类》，《世界建筑导报》2015 年第 3 期，第 27—29 页。
② 宋群，杨坤，陈啸：《养老服务产业发展的国际经验》，《全球化》2019 年第 11 期，第 30—46 页。

提供临终关怀,给老人以最后的温暖和尊严。对于失能或者部分失能的老年人来说,物联网技术将科技化产品和自动化设备涵盖到老年人生活和高龄者护理的方方面面,对于需要介护的对象严格划分等级来确定。介护服务内容详细,项目种类繁多。饮食管理方面精细管理,日本养老院不做大锅饭,而是为每一位老人不同身体状况定制个性化餐饮,既保证健康营养,还照顾到不同人的独特口味。营养师会为每一位老人建立饮食档案,记录老人的身体状况和口味饮食习惯,所有食材均经过精确计算,饭量不会剩余,更不会让老年人食用剩饭。对于养老服务从业者,全都经过专业培训持证上岗,如"托老所"介护福祉士需要帮老年人查体、入浴、参加集体活动、健身等活动,在安慰和鼓励中让老年人收获幸福。

3. 鼓励老年人再就业

首先,日本有老年人再就业的法律环境。1963 年颁布的《老年福利法》中规定退休老年人有权得到工作机会,1971 年颁布的《高年龄者等雇佣安定法》在企业层面做出有利于老年人再就业的规定,2004 年日本通过的《国民年金法修正法案》实现了延迟退休,促进了老年人再就业[1],2013 年颁布的《继续雇佣制度》进一步废除年龄限制,促进了 60—70 岁老人的再就业,2021 年《老年人雇佣安定法》将企业退休年龄从 65 岁延长至 70 岁。其次,老年人再就业的财政补贴。一方面,对雇佣老年人的企业进行现金补贴和激励,鼓励企业对老年人采取延迟退休或者持续雇佣,防止企业不愿意雇佣老年人,减轻企业经济压力,通过对雇佣老年人的公司或者企业进行奖励,可以引发其他企业的效仿,从而促进更大规模老年人就业;另一方面,政府设立相关奖励机制,根据参与事项和贡献程度,为志愿者活动规定相应分数,积攒到一定分数可以免交个人所得税[2]。鼓励老年人参与志愿者活动,参与社会活动可以缓解老年人的就业压力,通过这种方式让老年人继续发挥余热,以积极心态去工作生活,减缓衰老过程。最后,积极发挥中介所的作用。日本成立多个类似于就业中介的社会组织,整理老年劳动力市场的供求信

① 李鑫,侯冰洁:《日本退休老年人再就业政策分析及对中国的启示》,《投资与合作》2020 年第 8 期,第 169-171 页。
② [日]大前研一:《低欲望社会:人口老龄化的经济危机与破解之道》,郭超敏译,北京:机械工业出版社,2018 年,第 86 页。

息,搜集就业岗位,提升老年职业素质和能力,满足不同老年人的就业需求。日本协助老年人就业的非营利组织主要有三个机构,为银发人才中心、东京工作中心和公共职业安定所[1]。银发人才中心主要是对社区60 岁及以上有劳动意愿、身体健康、个人能力尚可的老年人进行登记,根据老年人的兴趣、特长、商业技能、预期工作时间和工作形式等进行分类,为老年人提供工作[2]。

4. 完善的养老保障体系

为应对长寿叠加老龄化、少子化和经济的缓慢发展,日本很早就开始建构社会保障体系,主要由医疗保险(国民医疗、共济医疗、后期高龄医疗保险)、养老保险(国民年金、雇员年金、私人保险)、劳动保险(失业保险、工伤保险)、老年护理介护保险(介护预防、介护保险)等养老制度组成。日本的医保制度实行全民医保制度,主要包括国民健康保险(全部由个人承担)和职工共济医疗保险(个人和单位各付一半),75 岁以上的老人有高龄医保制度,对于大病补助,还有高额疗养费制度防止付不起医药费,比较人性化。日本的养老金分两种,公共年金是由政府强制执行的,由《国民年金法》法定用于保障老年退休收入,主要包括国民年金(全体 20—60 岁的国民,主要针对自营业者、农民、学生等)、厚生年金(主要针对企业职工)和共济年金(主要针对公务员、教师等);私人年金是根据企业和个人需求,作为公共年金的补充,可享受一定的优惠措施,主要包括企业年金和个人年金。企业年金根据企业自身发展和承受能力确定,个人年金主要是个人购买的商业养老保险用于保障老年生活。随着经济的衰退,为降低政府负担,日本政府 1982 后开始推行居家养老,为解决独居或子女无时间照料的老年看护需求,日本开始实施介护保险制度,这是由政府强制 40 岁以上国民缴纳的保险,主要针对40—65 之间因患病而需护理人群和 65 岁以上老人。看护所需费用,由政府、企业、个人三方承担,40—65 岁人群政府承担一半,剩下一半企业和个人承担,65 岁以上政府和个人各付一半,对于贫困老人可免除个人承担部分。"要支援""要护理"两种介护制度很好地解决了居家养老问题,尤其是独居老人和高龄老人的日常照料和护理,提升了日本老年

---

[1]　钟佳伶,杜玲莉:《日本退休制度改革举措及启示》,《经济导刊》2021 年第 10 期,第 44-47 页。

[2]　张欣悦:《中国人口老龄化的现状特点和发展趋势及其对策研究》,《中国管理信化》2020 年第 5 期,第 195-199 页。

人的生活质量和尊严。

5.居家养老新模式

1994年,日本开始构建以居家养老为中心的老年服务体系。21世纪以后,日本养老模式已逐渐由养老院转变为规模小但功能多的社区居家养老新模式。这种新模式主要体现在如下几点:第一,硬软件建设新家。"家"既熟悉又富含科技感,没有打破老年人原有的社交,而是通过政府提供专项经费进行适老化改造,充分考虑老年人的生活方便和安全健康,以《高龄者居住安定保护法》规范建设改造,街区和社区都要落实全面支援老年人的方针,社区服务站提供日常护理、上门服务等。第二,介护制度防老助老。日本居家养老是以护理保险制度为基础,政府承担护理员上门服务费用,个人负担10%的费用,护理人员均经过培训上岗,护理的内容健全分类细致。"介护"是一个日文词汇,日本新明解国语辞典解释为对于极度衰弱的病人、伤者、重度身体残障人士或长期卧床不起的老人,经常在其身旁看护,照料其日常生活,"介护"的范围应该理解为对于老年人、病人、残障人士等的照顾和护理①。介护服务分为居家介护和入住专门机构介护两种类型,居家养老的老人可选择居家介护,一旦老人被确定为"要支援"的对象,可享受上门服务和日间服务。"要支援"(预防介护)共有2个等级,"要护理"(介护)共有5个等级。每个等级规定了相应的服务内容与时间,护理机构按规定提供了服务,即可得到相应标准的补偿。第三,"互助养老"和"时间银行"。日本社会提倡积极老龄化理念,很多身体状况良好的老年人甚至年轻人纷纷加入非营利组织的公益活动和老年服务志愿者队伍,老老抱团互助养老比例,日本NHK短片《7位一起生活的单身女人》就讲述了7位女性单身老年十年互助养老生活。日本关于养老服务"时间银行"的项目众多,很多年轻人可以参与照看别的家庭老人或者幼儿等公益活动积累志愿服务时间,以支付自己家庭老人被志愿服务或者预防自己年老时被照顾,长久你来,"今天你照顾我,明天他照顾我"已经成为日本较流行的养老文化②。

---

① 时江涛:《嘉善县商务局.日本养老制度及养老产业现状——以静冈为考察》,《上海经济》2015年第7期,第18-23页。
② 黄万丁:《居家养老之日本经验及启示》,《中国民政》2015年第15期,第36-38页。

二、新加坡养老产业发展的经验借鉴

新加坡是一个多民族的移民国家，主要由华人、马来人和印度人组成，鼓励宗教信仰自由，倡导包容精神，以多元文化著称。新加坡重视传统儒家思想的继承和创新，多年来尊老爱幼、重视家庭和教养子女的责任感成为新加坡社会安定和经济腾飞的重要保证。虽然作为发达国家经济发展迅速，但是新加坡的老龄化速度是亚洲最快的国家之一，老龄人口增速高于日本和中国。截至 2022 年 9 月，65 岁及以上总人口占比为 18.4%。由于华人约占总人数的四分之三，受中华儒家文化的影响，全社会提倡"乐龄"养老理念，社会保障体系完善，重视传统家庭观念，鼓励老年人再就业。新加坡的公积金制度被评为亚洲最佳的养老制度，养老模式去产业化以免费为主，这些都给中国应对老龄化提供了可借鉴的优秀经验。

（一）新加坡文化

（1）在新加坡的国民结构中，由于华人及华裔占比较大，中国传统儒家思想和仁义精神文化传统根深蒂固。新加坡政府在面对文化立场的选择上，倡导东方价值观——中华优秀传统文化。首任总理李光耀强调"仁、义、礼、智、信"在国民素质教育中的重要地位，新加坡社会广泛推行的"孝顺尊长"价值观，就与中华传统孝道思想关联甚大[①]。重视以孝为本的精神，将志愿精神作为思想政治教育的重要内容，注重在全社会树立灌输"我为人人"的奉献理念。

（2）新加坡流行老年文化"Sucessful Aging"[②]，称老年人为乐龄人士。新加坡是轻福利型国家，社会不养闲人，提倡老年人自力更生。与中国国内老年人较多反对延迟退休不同，新加坡的退休老年人主动要求政府将重新雇佣年龄由 65 岁延长至 67 岁。2015 年，新加坡政府启动了"成功老龄化行动计划"鼓励老年人就业、延长老年人寿命。根据新加坡人力部公布的《2021 年新加坡劳动力报告》，2021 年 65 岁及以上

① 韩星：《新时代中华传统孝道思想的重估与传承》，《云梦学刊》2022 年第 6 期，第 83—94 页。
② 张伶俐：《智慧国家背景下新加坡老年人数字融入的举措与启示》，《成人教育》2023 年第 4 期，第 73—80 页。

居民就业率已达 31.7%。为鼓励老年人再就业,政府通过补贴企业雇用老年人和创设适合老年人的工作环境,来保证老年人老有所事、老有所为,让新加坡老年人实现自我养老。

(3)重视家本位思想,推崇孝道。新加坡在《共同价值观》白皮书明确"家庭为根"①,与西方"个人至上"观念截然不同,但与中华传统家国同构思想观念契合,推崇孝道是家庭稳固的基础。为促进家庭和睦,政府对和睦家庭实行奖励制度,对低收入家庭实行救助政策。除此之外,新加坡政府注重亲情和血缘,鼓励父母与子女组屋同住,并给予1万至4万新币的津贴。在养老模式上,鼓励三代同堂的家庭结构,颁布相关的赡养法律,为需要赡养老人的低收入家庭提供养老和医疗津贴,推动了家庭赡养老人的积极性。

(二)新加坡养老产业发展的经验及借鉴

1.养老制度法治化,保障老年老有所养

1955年,新加坡颁布《中央公积金法》,从法律层面保护公积金会员的权益。这种公积金制度是集养老、住房、医疗于一身的社会保障体系,通过强制雇主及雇员定期缴费,来保障退休老年人的养老金。为保障子女对父母的赡养,1994年,新加坡政府制定发布全世界第一部规范赡养父母行为的法律,法律注重保护父母的权益,父母可以依法控告子女的不尽孝道的行为,法院会根据子女行为而采取对应的惩戒措施。1995年,新加坡国会通过《赡养父母法令》保护老年人权益,对于违反法律规定的子女实行罚款或者一年监禁,还颁布一系列法律保障养老服务质量。为保障老年再就业,2012年,新加坡颁布《退休与重新雇佣法令》,对企业推出退休与返聘年龄率先调高津贴和兼职返聘津贴,对大龄就业者推出上调公积金缴交率,这些政策法律保障了新加坡老年人的生活质量。

2.注重家庭养老模式

由于新加坡华裔较多,受中华儒家文化的影响,新加坡注重对传统

---

① 傅才武,邓时:《多元族群社会的文化共同体构建:新加坡文化政策的演进逻辑》,《江汉论坛》2023年第4期,第61-68页。

家庭观念的继承发扬和发展创新。为减轻社会养老负担,政府鼓励乐龄人士家庭养老。为鼓励子女与父母同住,使老龄人士享受三世同堂的幸福感,新加坡在组屋设计理念上,考虑了实用性与方便性,在购房优先权和购买价格上还给予优先或优惠,对于需要靠雇佣家庭成员之外照顾老年人的家庭给予补贴。新加坡注重居家养老的功能,倡导维护三代人的家庭结构,在中央公积金的计划中涵盖了家庭保障计划,解决家庭养老的资金难题。为鼓励年轻人支持家庭养老,对于低收入家庭提供养老、医疗和购房的补助,减轻低收入家庭负担,提高其赡养父母的积极性[①]。利用"敬老金计划",吸引新加坡年轻公民通过选择和父母同住,帮助和赡养父母来获得减免赋税额度。另外,新加坡政府通过加强包含日间护理中心在内的养老服务设施建设,以解决家庭无法白天照顾父母的难题。正是因为政府为家庭养老提供了经济援助和便利服务,使这些居家养老的家庭在住房、生活、医疗等方面感受到便利,因此更多新加坡老人选择回归家庭。

3. 养老保险制度完善

新加坡养老保险制度主要模式为中央公积金制度,实质是一种自我保障制度,由雇主和雇员按照国家规定的比例进行缴费,缴费资金投入个人累计账户,政府给予较高利率进行升值投资,子女可以继承。缴存率较为灵活,根据每年的经济发展情况和个人年龄、收入等进行确定,一般年龄越大缴存越少。公积金制度实行会员制,新加坡公民和永久居民都是会员。个人账号主要涵盖三类账户:普通账户收益可以用于购房、保险和子女教育;保健储蓄账号主要用于医疗支出;特殊账号用于养老和紧急所需。55 岁之后还会有退休账号用于发放养老金。为了保障退休老年人及其亲属生活,新加坡政府还设置了最低存款计划和家属保障金计划。作为公积金制度的补充,为了保障高龄老年人的稳定收入,新加坡公积金制度进行了改革和完善,推出"终身入息计划",解决了 80 岁以上高龄老人的长寿风险,保证会员到终老都有固定收入。新加坡养老保险制度开创了养老保险个人账户模式时代,既减轻了国家财政负担,又实现了经济的良好运行,保障了老年人老有所得,老有所养,

---

① 徐文芳,何晖:《中国农村家庭养老保障制度有效性分析》,《开放导报》2010 年第 6 期,第 68—72 页。

老有所医,老有所居。

4.乐享老龄,提升老年生活质量

新加坡倡导中华传统孝道的传承,创造了尊老敬老的良好社会氛围,提倡老年人健康、快乐、有尊严地生活,因此老年人通常会被称为"乐龄人士",意思是应该去快乐生活的年龄的人群。新加坡于1978年开始创办乐龄俱乐部,为老年人举办讲座、生日会、体育锻炼等集体性活动提升生活质量。之后于1996年,新加坡开始大范围推广"乐龄运动",每个社区均创办乐龄俱乐部,所提供的服务也愈加完善,如兴趣爱好班、健康查体、书法比赛、太极拳研习、田园劳作等文体旅游活动等,让老年人收获知识陶冶情操,让老年生活富有朝气和乐趣,同时改善低收入老年人的退休待遇,协助老年人再就业或鼓励从事老年志愿活动。为了照顾独居或与老伴同居老人,1998年建屋局推出了价格实惠、居住方便的乐龄公寓,公寓所有设计均考虑了适合老年人生活方便的设施,使得老年人生活更有尊严。2007年,新加坡成立了康乐计划和活跃乐龄理事会,指导老年人健康快乐生活。2016年推出"幸福老龄化计划"[①],更是将老年关怀做到极致,各社区提供老人日托和康复中心,为家庭提供援助和专业化服务。2023年,新加坡更新提出"2023幸福老龄化行动计划",以看护、贡献和连接为主题满足老年人的养老愿望。

第二节　济宁市以传统文化创新养老模式经验借鉴

2022年2月,中国民政部、财政部开展了全国范围内居家和社区养老服务改革的优秀经验和典型案例评选,其中山东省济宁市的"厚植传统文化,创新养老模式,激发养老服务发展新动力"获批51个优秀案例之一,面向全国推广。作为儒家文化的发源地,孔孟之乡济宁市以传承、弘扬、发展优秀传统文化为基础,充分发挥地缘优势和文化优势,深挖

---

① 曾岳婷:《新加坡社会保障体系建设带给我国的启示》,《特区经济》2022年第10期,第64-68页。

儒家孝悌文化,创建"儒香圣地·孝养济宁"文化养老品牌,为立足于传统文化,创新养老服务打造了济宁样本,构建出包括文化养老示范机构指标体系、文化养老示范村委会(居委会)指标体系、文化养老示范乡镇指标体系、文化养老示范县(市、区)指标体系的四层级文化养老指标体系。济宁市养老事业的成功范例对中国其他城市有着积极参考意义,对中国传承中华文化、推动文化养老、提升老年生活质量具有极大作用。2019年尼山文化养老论坛上,多位参会专家对济宁厚植传统文化养老模式大加赞赏,直言"文化养老济宁样本"未来将会成为中国养老事业的典范,通过全国范围的借鉴复制推广,必将推进中国积极应对人口老龄化、全面建成小康社会的进程。

一、完备政策指引

2018年4月,济宁市政府印发《济宁市居家和社区养老服务改革试点实施方案》,明确提出"打造济宁特色文化养老服务品牌"目标[1]。2020年6月,济宁召开全市加强养老爱老文化建设工作会议,制定了《文化养老示范社区评估标准》,发布了《加强养老爱老文化建设三年行动方案》《深入开展"养老敬老爱老养老"新时代文明实践活动工作方案》等一系列活动方案,在政策制度层面指引养老服务的创新改革。同时,曲阜市还下发了《建设"彬彬有礼道德曲阜"的意见》,建立针对不同群体以"孝"为核心行动标准,为养老敬老提供基本遵循。为深入探索文化养老工作,积极开展传统文化养老课题研究,政府组织专家研究制定《济宁文化养老指标体系研究报告》《文化养老——济宁样本》,制定了市、县、乡、村四级文化养老标准指标体系,为文化养老品牌创建提供规范指引,还召开了全国性的植根传统文化的养老论坛,在理论和实践上加强对养老政策的相关研究。

二、营造孝道氛围

首先,积极培育"孝悌为本"的良好家风,重视孝敬老人和谐家庭建

---

① 布留宪:《厚植传统文化　创新养老模式　激发养老服务发展新动力》,《中国社会工作》2022年第4期,第22-23页。

设,挖掘养老文化,将传承儒家孝道文化纳入社会主义核心价值观教育和精神文明建设,建立各街道和各单位文明考评体系。其次,开发打造养老敬老文化基地,作为尊老敬老文化宣传的主阵地,通过举办各类敬老活动形成尊老爱老的氛围和良好风尚。再次,丰富孝道文化培育的载体①。在学校开展传统儒家孝道文化教育进课堂活动,让学生从小树立尊老敬老意识;在企业宣传弘扬传统文化,树立孝道文化与企业文化相融合理念;在社区开展孝敬老人文明公约,开展针对老年群体的志愿者服务活动,解决有困难家庭的养老问题;在电台宣传孝子事迹,弘扬尊老敬老传统美德。最后,注重养老从业人员的职业能力水平,提升从业人员的地位和待遇,培育养老从业人员的使命感、责任感和荣誉感。

三、铸造养老品牌

济宁市以铸造"儒乡圣地、孝养济宁"品牌为依托,以传统孔孟孝道文化为底蕴,积极打造样板,以"儒家哲学"推动健康中国战略的实现,推动养老文化落地生根,实现传统文化在新时代创新性发展。济宁市共建成儒学讲堂多处,开展了以孝道为核心的家风教育,夯实了家庭养老的基础地位。在养老机构、老年人照料中心开设"国学书屋",通过儒家文化著作和文创产品传承传统文化。注重居家社区养老设施建设,鼓励建立专业的有文化特色的居家养老服务组织,支持养老服务组织开展各类文化服务。全市范围内开展了丰富多彩的文化养老活动,开展了中国曲阜国际孔子文化节、孟子故里邹城母亲文化节、鱼台孝贤文化节等一系列文化活动,各县市区均开展形式多样的文化养老活动,通过组建各种老年兴趣班丰富老年文化养老的项目打造地域品牌。

四、创新养老事业

一是实行养老评优树先奖励制度,通过开展"孝德榜""好媳妇""孔孟之乡敬老使者""孔孟之乡孝养模范"等评选活动树立典型,出台《孔孟之乡敬老使者选拔管理办法》,对入围者进行奖励。二是试点养老新

---

① 魏嘉莹、李晓东:《传统孝道文化融入新经济时代路径探究》,《品味经典》2022 年第 91 期,第 55—56 页。

模式,对于困难、低收入、残疾、失能等家庭老人,按照自愿原则,采用养老机构集中供养试点。独创"农村幸福院＋周转房"模式,优先解决贫困户、居住条件恶劣、生活条件较差的老年人养老问题。开办老年人公益性"幸福食堂",为失能、孤寡、空巢老年人提供送餐就餐服务。三是建立志愿帮扶机制,提升社区养老设施建设水平,建立老年人关爱服务志愿队,以一对一"结对"的形式落实服务对象。加大对 60 岁以上空巢、特困、独居老人的帮扶力度,定期到特殊群体家中走访解决实际困难,为老年人提供生活服务,精神抚慰、健康医疗等志愿者活动,提升了养老服务的活力,也提升了老年人的幸福指数。

第三节　养老产业成功经验的启示

日本、新加坡均为亚洲的发达国家,2022 年新加坡与日本人均 GDP 分别排名亚洲首位和第六位。历史上,日本、新加坡都曾深受中华传统文化的影响,至今儒家孝道文化也被两个国家认同、继承。日本是世界上老龄化和少子化最严重的国家,老龄化水平亚洲第一。新加坡老龄化速度高于中国和日本,是亚洲老龄化速度最快的国家之一,而中国由于人口基数大,是亚洲老龄人口最多的国家。三个国家文化传统有相通的地方,老龄化的进程也极其相似,因此探寻文化背景下日本和新加坡养老产业的成功经验,对于中国传承传统养老文化积极应对老龄化,促进经济社会稳定前行有重要意义。

一、完善养老配套制度建设

国家和各级政府应借鉴其他国家经验出台养老相关的政策和制度,在顶层设计上明确思路清晰方向,以法律形式制定养老制度的具体规范,明确政府、单位和个人的权利和义务,由国家强制实施。具体包括:建立养老保险全覆盖制度,以缩小贫富差距实现共同富裕为目标,以公平正义为原则,让全体中国人享受发展红利;建立统一养老保险制度,创造公正环境,针对企业尽快出台缴纳年金的税收优惠政策;完善养老保障和医疗保障体系建设,并在法律层面予以立法保证实施,养老保障制度要根据经济发展的情况和老龄化的不同阶段随时调整政策,提升保障水平,对于医疗保障可效仿日本建立免费或者低收费;出台老年人投资金融产品法律政策,保证资金安全和投资收益。

二、提升养老金体系建设水平

健全"多支柱"养老保险体系[①]。第一支柱政府养老包括城镇职工养老保险和城乡居民养老保险,第二支柱雇主养老金,包括职业年金和企业年金,第三支柱个人养老金,包括个人自愿购买的理财、保险、基金等金融产品。从国际经验看,需要三支柱均衡发展。但在中国目前的养老金体系中,第一支柱占比过大,随着老龄化人口的增多,抚养比过重,养老收支严重不平衡,因此应强制推广基本养老保险,对于私营企业、个体、无业者等全员覆盖,特困人员适度减免。以税收优惠政策刺激加大企业年金的覆盖率,鼓励个人储蓄性养老保险,指导银行、保险公司、证券公司丰富养老金融产品种类。提升老年人个人养老金的投资热情,借鉴新加坡和日本的经验,通过优惠补贴和政策的引导,调动各方积极性,打造多层次的养老保险体系,为老年人养老增添多一分保障。

三、探索适合中国文化的居家养老模式

中国、新加坡和日本都是深受中华优秀传统孝道文化影响的国家,尊老敬老也是中国的传统美德,家庭观念也是中华优良文化传统。中国幅员辽阔,东西区域、城乡区域的经济发展水平差距较大,不同民族之间文化习惯和生活观念也不相同,所以建立中国特色的养老模式,必须考虑中国人口多底子薄的现实,中国传统家庭观念决定了居家养老是中国最主要的养老模式。因此需要做好赡养老年人的立法、普法工作,加强传统孝道的宣传引导,加大养老敬老养老事迹的表彰宣传,加大对不赡养老人、虐待老人等违法行为的打击力度,营造尊老敬老的家庭美

---

① 阳义南:《多层次多支柱养老保险体系:理论、思路与方向》,《人民论坛·学术前沿》2022年第12期,第74—82页。

德。以传承传统文化为切入点,学习"济宁品牌"来创新家庭养老的新方式,优先解决贫困家庭、失能家庭、残疾人等特殊家庭的养老问题,充分发挥社区的积极作用,通过社区日间照料中心、老年活动中心、志愿者服务等,满足不同老年人的养老需求。

四、全面推广老年护理保险制度

日本介护险是应对高龄老人居家养老的一种较成熟的普惠型保险,对 65 岁以上老人来说,政府和个人各承担一半费用,按照老年人被评定等级来确定不同的服务内容,所有介护士都必须获得统一国家资格证书才能上岗。日本介护险的成功经验对中国推广老年护理保险有现实意义,与日本相比,中国老年家庭请护工所产生费用由老人自己承担,护工所提供的服务比较简单,护工也不需要统一考试持证上网。由于中国老龄化程度的加深,家庭养老功能也逐步弱化,子女没有时间与精力去护理老年人,对于失能半失能老年人家庭来说,高额的护理费用难以承受,因此中国应该在前期试点的基础上全面推广护理保险,结合中国老人的实际需求和中国经济社会的发展现状,预防为主,科学确定缴纳方式、缴费年限、缴费标准、护理等级和护理内容,从而提供多样化与个性化的家庭护理。

五、增强老年人再就业能力

无论是日本的"不工作会变老"还是新加坡的"社会不养闲人"本质都是通过再就业来解决养老问题,通过再就业提升养老收入。首先,在全社会加大对老人再就业的宣传力度,落实积极老龄化策略,正确认识老年人的价值,倡导老有所为的社会风气,对老年人加强自信教育和就业观教育,引导老年人发挥余热,创造价值。其次,提升老年人的就业能力[①]。人力资源和社会保障局、民政局还有工会等部门可以协调组织老年人专场招聘会,对于那些身体健康、工作意愿强烈的老年人可推荐一些力所能及的岗位就业,对于岁数较大、家庭贫困的家庭通过街道

---

① 蒋家玉,杜玲莉:《日本老年人再就业经验对中国延迟退休政策的启发》,《财经观察》2021 年 12 期,第 59—64 页。

或者社区协调就业机会,经常性开展适合老年就业的技能培训和知识讲座。最后,对吸引老年人就业的企业单位适当给予表彰,可协调税务部门在税费方面给予一定的减免。对于选择自主创业的群体,提高创业补贴标准,降低贷款利率,以实际行动鼓励老年人实现人生价值。

六、提升养老的精细化和极致化服务水平

医疗护理和健康饮食服务方面,提升定期体检、药物管理、疾病管理、康复护理等服务质量,为老年人提供个性化的医疗和护理支持。注重老年人的饮食和营养管理,以满足老年人的健康和营养需求。老年家居设计方面,要提供安全舒适和愉悦的居住环境,兼备老年人的便利性和可访问性。社交和活动安排方面,养老机构可组织各类社交和娱乐活动,以促进老年人的社交互动和身心健康。心理和精神关怀方面,重视老年人的心理和精神健康,及时提供心理咨询服务、疏导支持、冥想和放松活动等,以帮助老年人应对可能的焦虑、孤独或心理压力[1]。科技方面,鼓励各产业主体在养老领域积极应用科技创新,如智能化辅助设备、远程医疗、虚拟现实等。这些技术帮助老年人更好地管理健康、保持社交联系和参与活动,提高生活质量和便利性。总体来说,中国的养老产业应致力于为老年人提供个性化、全面和贴心的支持。注重细节,从护理、营养、环境到社交、心理等各个方面提供精细化和极致化的服务,以确保老年人的幸福和舒适。

---

[1]　赵炎炎:《个案工作介入城市高龄独居老人消极情绪问题研究——以 X 社区 Y 老人为例》,硕士学位论文,吉林农业大学,2022 年,第 14 页。

第六章　传承中华传统养老文化的中国养老产业创新发展路径

随着中国生育率的持续低迷和生育观念的改变,2023 年人口迎来负增长,人口的老龄化成为中国社会将长期面临的社会问题。目前,中国的养老产业发展中面临着一些严峻问题,如养老理念守旧,养老模式不均衡,产业政策不完备,养老产品种类不丰富,政府养老金缺口逐年上升,专业护理人员供不应求,进出口贸易逆差大等。中国在应对老龄化问题时提出要将积极老龄观和健康老龄观融入经济社会发展的全过程,由于中国的老龄化速度远超国外发达国家、老龄人口数全球第一,因此中国无法照搬国外经验,需要积极创新发展符合中华传统文化和中国特殊人口、经济、文化特色的养老产业,引导养老服务体系逐步完善,提升养老服务的专业化水平,具体途径如下。

一、营造文化和养老健康发展的环境和氛围

(一)培育传承新孝道文化

中华传统养老文化产生于农耕文明,两千年来对中国的宗族社会和伦理观念发挥了积极作用,但是随着老龄化社会的快速到来,传统儒家孝道思想需要取精弃粕,"孝"是养老文化的内核,但在新的时代和新的历史环境里,需要重新定义其内涵,挖掘其时代价值,既要顺应新时代的潮流,又要满足文化的延续性。传统孝道文化还具有一些历史局限性:首先,传统孝道在封建宗法的统治下,存在一定的封建性。忠孝成为封建统治阶级的思想武器,不忠不孝之人就会被画上标签,丧失一切社会地位。其次,传统孝道文化过于强调老人权威,对当今社会来说不

利于家庭的和谐美满。最后,传统孝道文化带有一定的落后性。"养儿防老"是流传至今的一种养老理念,但是这种理念狭隘落后,对中国的生育观念起到了不好的导向作用,从封建社会开始"男尊女卑""重男轻女"思想就是传统孝道文化对社会所产生的负面影响。

在古代农业社会,由于家庭财富和社会关系的掌握、生产经验的薪火相传等原因,老人被奉为一家之主。但是新时代下,即使是农村家庭,儿女也不再以务农为主,老人的农耕和社会经验无用武之地。家庭观念在中国根深蒂固,按照中华传统老年人应该和子女居住在一起,但是在生活和经济的重压下,许多年轻人选择了追求事业为先,即使在父母的身边连"常回家看看"也成为一种奢望,这也导致在社会上形成一些错误认知,不回父母家被视为不孝,不树立老年人绝对权威被视为不孝,这实质上是一种道德绑架。在现代社会,"孝道"是爱,是一种责任。它不是单向的绝对权威,"孝道"不是"愚孝",是双向的互敬互爱、互相支持,是一种健康和谐的家庭关系,而不是被世俗和道德绑架。新时代下,中国必须培育具有时代特色的新"孝道"文化,孝敬赡养老人既是责任担当,也是一种道德观念和行为习惯。构建新时代的孝道文化,要把孝道伦理观念内化成为家庭美德,把孝敬老人作为一种职业道德泛化为企业文化,作为社会公德升华为社会主义核心价值观的组成部分。新"孝道"文化要在国家力量的推动下,由"小家情怀"上升至彰显国家意识形态的国家情怀,构筑家国同构的社会伦理、政治伦理、经济伦理和文化心理,为构建人类命运共同体提供国际政治伦理和经济伦理的价值资源[1]。

（二）加大宣传和教育

积极应对老龄化,发展养老产业可以传承中华养老文化,体现以老人为本的理念,养老产业的健康发展需要老年群体的积极参与,发挥产业服务对象的主体作用。通过宣传教育可以营造出良好的孝老风气,促进全社会对老年人的关注,提升老年人的幸福感。一是要开展中国人口老龄化形势的国情宣传教育,认真学习中共中央和国家领导人关于应对人口老龄化的各种讲话精神,加强发展老年产业的紧迫感和责任感

---

① 徐伟:《弘扬中华优秀传统文化的特质——基于孝文化的马克思主义哲学探索》,《毛泽东邓小平理论研究》2021年第2期,第30-37页。

教育,面向社会发放老龄化国情、省情、市情宣传单,增强民众应对老龄化的主动性。二是开展关于惠老、老年人权益保护、老年产品服务相关的各项意见、实施办法和政策法规教育。加大对涉老法规的普法宣传力度,在养老院、养老服务中心等老年人较为集中的场所张贴宣传海报、现场宣传,让养老政策家喻户晓,让社会机构积极投身养老志愿者活动,引导企业进军养老市场。三是着重开展中华传统养老文化的宣传教育。大力弘扬中华民族尊老敬老的传统美德,倡导新时代孝道,营造尊老爱幼的社会氛围。通过电视、广播、微信公众号、学校、社区宣传推介孝子事迹和孝亲道德模范评选,培育社会主义核心价值观,提升广大人民群众的助老、敬老、孝老的意识。四是开展反养老诈骗、反邪教、反有组织犯罪法等宣传教育。通过宣传教育,提升老年人防诈骗的意识,帮助老年人树立法治观念和法治思维,提升老年人的安全感。五是加强健康宣传教育。新冠疫情给全球带来巨大的灾难,也引起人类对健康的关切。通过对养生保健、营养膳食、体育锻炼、老年病防治、定期体检等内容的宣传教育,可以提升老年人的保健意识和健康水平。

宣传和教育的目的是更新民众的观念,对于老年人来说首先需要改变家庭养老的观念,接受社区或机构养老,树立正确的养老观。受儒家思想的影响,岁数大的老年人都渴望居家养老,排斥外人介入自身养老。老年人的儿女容易受世俗非议,更不愿意违背老年人意愿将老人送入养老院。工作压力和子女教育使得儿女对家庭养老分身乏术,社区和机构可以提供专业且人性化的服务,解决子女的后顾之忧,促进养老机构的运转。其次,改变老年人再就业的观念。由于老年人自身保障能力有限,政府养老金财政压力巨大,中国政府开始研究延迟退休政策,但是老年人再就业意识尚不够强,除了教师、医生等职业,其他职业退休、身体健康、有就业意愿的老年人应树立再就业意识,提升自我养老能力。再次,老年人应该建立克服数字鸿沟,树立智慧养老思维。新技术革命改变了生活的方方面面,无论是智能养老用品还是养老智慧平台,都需要老年人接受新技术,更新养老手段。最后,为提升老年人的晚年生活质量,让老年人树立积极老龄化的观念。老年人应注重精神文化层面的养老,加强自身的学习,积极主动参与社会活动,实现人生价值,收获幸福人生。

（三）树立现代养老理念

传统的养老观念认为当个体年老、退休以后就应该完全依赖和依靠子女的赡养和源自家庭甚至全社会的照料照顾[①]。受社会和经济变迁以及子女的生存压力，尤其对于身体失能的老年人，子女无论是从经济能力还是照护精力上都已经无法完全满足老年人的需求。另外还有些传统观念认为老年人应该以安享晚年为目标，放弃自我价值和目标追求，抵触社交，排斥再就业，这些养老观念均带有一定的狭隘性。从老年消费观念来看，受以往贫困、灾荒、战争以及传统认知观念的影响，老年人保守、求实、谨慎等消费低欲望特征突出，导致了老年群体的消费欲与消费心理在一定程度上滞后于消费力[②]。老年消费这一经济活动并非由收入水平这唯一因素决定，还要综合考虑老人的年龄、身体状况、教育水平、家庭代际收入、保险购置和消费习惯等因素，老年群体的消费习惯相比年轻人更加理性和固化。受中国传统留赠和勤俭习俗的影响，老年人习惯于少消费多储蓄，尤其在农村地区习惯于让儿女继承财富，造成了老年人消费水平不高。老年消费除了一般性常规居民的衣食住行消费，还包括老年用品、老年护理保健、老年教育、老年服务等等，但是目前来看高端的物质和精神产品对于大部分中国老年人来说没有太大的消费市场，房价的飙升和生活成本的上涨，使得老年人多数消费围绕儿孙产生，而忽视了自身的晚年生活质量。

现代的养老观念鼓励老年人积极参与社会、保持身心健康。首先，老年人可以通过锻炼身体、参加社交活动、学习新技能等方式保持活力。老年人应该保持学习的态度，不断更新知识和技能，可以通过参加课程、阅读、使用互联网等方式来扩展自己的知识领域，保持思维的活跃，还可以学习和接受使用智能手机、平板电脑、社交媒体等技术，以便更好地与家人和社会保持联系，并享受数字化的便利服务。其次，树立独立自主的意识，不过分依赖家人或社会。重视社交互动，保持与家人、朋友和社区的联系，有余力的情况下积极参加社交活动、志愿者工作、参与兴趣小组等，以分享经验和快乐，提高心理健康水平。老年人还可

---

① 徐小燕：《新时代养老观及其实践路径研究》，硕士学位论文，安徽医科大学，2022年，第23页。

② 吴敏，熊鹰：《年龄、时期和队列视角下中国老年消费变迁》，《人口与经济》2021年第5期，第69-80页。

以参与社会公益事业,发挥自己的经验和智慧,可以担任志愿者、参与社区组织或参与公益项目,为社会发挥余热。再一次,树立老有所为理念[1],提高自身素质,为年轻人传递经验。老年人应该提前规划养老生活,包括财务安排、健康管理、住房选择等。充分了解养老保障政策、医疗保健资源和长期照护服务,做好相应的准备。最后,更新消费理念,老年人应更加关注自身需求,理性消费老年产品和服务。老年人群作为老年产业最大的消费群体,必将促使银发经济成为经济的新增长点[2]。

二、健全文化传承和养老产业发展的政策法规

(一)健全政策法律体系

随着老年市场的日渐活跃,围绕养老产业发展的政策也如雨后春笋般增多。目前,中国围绕养老产业的法律政策体系是以《中华人民共和国宪法》为统领,以《中华人民共和国老年人权益保障法》为落脚点,以各相关基本法、行政法规和规章为辅,以国家经济和社会发展规划、国家老龄事业发展规划和《国家积极应对人口老龄化中长期规划》为纲要,以老年养老服务政策、社会保障政策、医疗保障政策等为具体措施。完备的法律政策环境和制度保障可以推动养老产业的健康有序发展,但是与其他国家相比,中国老龄化的速度过快,国家、社会和许多老年人尚未做好充足的准备。中国养老产业的发展起点低、起步慢,且市场化程度不高,产业发展政策在《老年人权益保障法》中只有原则性的规定,而其他相关法律规范则较为分散,在产业的相关法律政策中,对养老产业政策也并没有明确具体规定[3]。养老产业发展的政策法律体系层级不高、针对性不强、效力不足,较多集中于养老服务业,亟须制定《养老产业法》统一规范的基本法。养老产业与其他产业不同之处在于其公益性与公平性,前期投入较大,周期较长,并且利润偏低,所以在制定养老产业政策时首先要考虑的企业的税收扶持及其他优惠政策,从而提升养

---

[1]　付薇:《中国公民养老的国家责任研究》,硕士学位论文,四川师范大学,2021年,第10页。
[2]　冯莉:《人口老龄化对农村居民消费水平的影响研究》,《时代经贸》2021年第9期,第13-18页。
[3]　宋东明:《促进养老产业发展法律制度研究》,博士学位论文,辽宁大学,2020年,第52页。

老产业对社会资金的吸引力。

为传承中华传统文化，中国发布《关于实施中华优秀传统文化传承发展工程的意见》，但是对于传统养老文化的传承和保护尚无具体法律法规。为保障老年人的合法权益，许多国家制定了关于孝老的法律规章，如韩国2007年颁布《孝行奖励资助法》①针对孝老文化制定了孝敬赡养父母的详细法律规定，为鼓励尽孝行为对相关孝行家庭发放资助、分担赡养费等，新加坡1995年颁布的《赡养父母法》②同样以法律形式来保障子女对父母的赡养和孝行。反观中国于1996年施行的《中华人民共和国老年人权益保障法》对孝敬老人的规定操作性不强，对不孝行为认定较困难，其法律依据需要借助《中华人民共和国民法典》《中华人民共和国宪法》《中华人民共和国刑法》等多部法律条款。因此，为保护中华传统养老文化的传承，应该将敬老、孝老、养老文化的法律化和制度化提上日程，尽快完善相关法律，加大对传统孝老行为的奖励和惩处力度，制定易操作、可落地的赡养孝敬老年人的法律规章制度。人口老龄化给养老产业的发展带来紧迫性，必须加速推动相关政策法规的完善和规范。

（二）强化制度保障

随着养老产业的发展，中国养老产业配套的制度也逐渐完备，诸如养老产业投资制度、养老机构土地供应制度、养老企业的税费减免制度和老年保险制度等等，发展形势一片光明，但是制度层面还有一些方面需要加强。制度建设被认为是提升一个国家综合治理能力和推动治理体系现代化建设的重要保障，中国应充分发挥社会主义制度的优越性，推动老龄化社会的多元化治理体系建设，准确把握中国社会保障制度和体系的发展方向。

首先，加强养老保险制度建设。中国养老制度起源于计划经济时代，是社会保障制度的重要组成部分，要扩大养老保险的覆盖面，保护老年人的福利待遇，正确解决处理养老保险领域公共公正问题③。发展中国

---

① 王楠：《新时代中华孝敬文化的发展路径研究》，硕士学位论文，哈尔滨工程大学，2019年，第50页。
② 易珍秀：《中华民族孝道文化的传承创新研究》，硕士学位论文，西华师范大学，2021年，第39页。
③ 陈文满，向柳如：《中国社会养老保险制度改革与发展政策建议》，《黑河学刊》2021年第2期，第14-16页。

养老保险制度,可以保障老年人的退休生活,保证老年人的退休收入和医疗问题,推动医养结合,促进中国养老服务业的发展,从而保证养老产业的健康发展。其次,推行长期护理险制度。日本的老龄化程度较高,养老产业发展具有一些值得借鉴的经验,如"介护保险"养老制度。介护保险根据老年人身体自理能力状况来确定护理等级,可以帮助老年人独立生活,使老年人更加有尊严。长期护理保险可以满足中国老年人尤其是身体失能患者的长期护理需求,可推动护理产业的发展。中国目前已经在一些城市试点推广,但还存在一些问题,如推广的对象均为中青年,护理服务的供给方不确定以及赔付标准界定模糊等,应该在全国范围统一标准,以制度保障参与保险的各方权责明确。再次,完善养老护理员的持证上岗制度。目前中国养老护理员的缺口较大,老年护理员护理水平参差不平,专业护理知识和技能欠缺,服务不够专业,通过落实老年护理员持证上岗和职业认定,可以有效提升中国养老护理员的专业素质,满足老年人对健康服务的需求。最后,健全老年退休与再就业制度。为了减轻中国政府的社会保障压力,中国需要实行渐进式弹性退休制度,对于不同行业采取差异化的退休政策,逐步完善退休制度应对老龄化。建立老年人再就业制度,探索适合老年人灵活就业或自主创业的模式,让老年人力资源与年轻一代形成良好的就业互补,发挥老年人的经验和知识技能层面的优势。

（三）提升监管力度

近年来,中国积极制定各类养老政策,鼓励引导老年市场的发展,但是也出现了一些不好现象,如某些养老机构缺乏社会责任感,降低服务标准,虐待老人,侵害老年人的合法权益,还有的老年保健品市场"以次充好""以假乱真",还有些无良机构以高息集资为诱惑席卷老年人的养老钱及某些老年地产的偷换概念等,这要求中国应加强养老产业的监督、监管和巡查的力度,优化老年营商环境,从政府、社会、行业、机构四个方面通力协作、齐抓共管,力争打造高效规范、诚信可靠、公平竞争的老年市场"蓝海"。重点监督养老机构和养老产业相关从业方,培养诚信经营理念,提升养老服务的质量。让老年人安心安全地度过晚年,提升老年人的幸福感,远离各种欺诈,打造和谐社会。

对养老产业的监管主要围绕三个方面:一是加强对养老机构的监管。（1）民政部门需加强养老机构的备案检查,在规定时间内现场检查督促整改。（2）协同建筑、卫健委、消防队、市场监督管理局等部门加强质量安全的监管，重点检查养老机构的建筑、消防、食品药品卫生、应急设施。（3）加强对相关从业人员的监管，对于从事医疗、护理、教育等工作人员必须具备相应的职业资格证书，人力资源、教育部门加强职业技能的认定和教育培训的监管，提升从业人员的专业能力。（4）加强对信用、资金和秩序的监管，税务、审计、公安局、司法部门、应急部门还有市场监管部门要建立养老服务市场主体信用记录，建立信用等级，规范养老机构的收费标准，审计财政资金的拨付使用情况，预防各类老年欺诈销售等不法行为，引导老年人合理维权。检查涉老场所定期应急演练情况，提升机构预防突发自然灾害、公共卫生事件的能力。二是加强对老年消费市场的监管。打击针对老年人的违法犯罪行为，及时受理投诉举报，重点就餐饮、养生护理、保健品、医疗器具、金融投资、旅游、教育培训等重点领域进行日常巡检，打击以养老服务为名的非法集资，规范老年市场的生产经营秩序，营造诚信消费环境，保障老年人的权益。三是加强对老年个人信息安全的保护。近年来，围绕老年人的诈骗时有发生，因此加强老年数据的保护，提升对各类 App、网络和养老服务平台的监管力度，提高老年人防诈骗能力。

三、传统文化引领各养老链条优质均衡发展

（一）强化文化引领作用

从传统文化的角度来说，孝道文化对中国社会的影响深远持久，已经成为中华民族永恒的人文精神和普遍的伦理道德。孝道文化是中华优秀传统文化的重要组成部分，是中华民族源远流长的文化基因和精神命脉[①]。要把握养老产业的发展方向，必须发挥传统文化的引领作用。首先，孝道文化强调对老年人的尊重、关爱和孝敬，使养老产业更注重提供尊严、关怀和温暖的服务。这有助于改善老年人的生活质量，提升他们的幸福感和满意度。其次，传统孝道文化注重照顾和关怀老年人的细节，这可以推动养老产业提升服务质量。从服务态度、沟通技巧到

---

① 黄颖：《习近平总书记关于家庭美德重要论述研究》，硕士学位论文，江西师范大学，2022 年，第 17 页。

日常护理,都可以融入孝道文化的理念和方式,使养老服务更加细致入微,满足老年人的多样化需求。最后,孝道文化是中国传统文化的重要组成部分,通过养老产业可以传承和弘扬传统文化。孝道文化传递了企业文化观和家庭价值观,如关怀老年人、尊敬长辈、传承家风等。传统孝道文化可以引导家庭成员更好地履行养老责任,继承和传承家族的价值观念,加强代际传承和家庭凝聚力。孝道文化鼓励亲情和社会责任感,可以培养年轻人参与养老志愿服务的意识和精神。通过传统养老文化的引领,可以吸引更多企业、志愿者参与养老服务,丰富老年产业市场。发展养老产业要将传统孝道文化与企业文化、公司文化、机构文化建设相结合,强化行业自律,将孝道精神作为各类服务主体的运营宗旨和文化品牌。①

(二)调整养老产业结构

养老产业是一个投资周期较长的产业,上下游关联产业较多,产业链牵涉面较广。如何保证养老产业持续长远的发展,那需要深入开发挖掘养老市场,调整产业结构。众所周知,人口结构的变化产生了老龄化问题,而老龄化是人类发展史上周期性面对的问题,老龄化会引起消费市场的变化,进而影响经济结构,最终导致产业的周期性变化。养老产业的发展始终是动态变化的,在每个阶段市场需求和市场喜好都会壮大一些产业而衰减另外一些产业,所以国家层面需要紧跟人口结构变化形势,审时度势,高屋建瓴,在较高层面对养老产业进行科学合理的布局,宏观调控养老产业的投资结构和资源结构,制定养老产业整体发展规划。把握养老产业核心产业、上下游产业的发展定位,适时研判调整养老产业结构,做好整体产业链的融合协调发展。首先,中国应该明确养老产业的定位,认清养老市场广阔的潜力,更新社会的产业观念和企业的经营观念,突出养老产业的福利性。其次,随着老龄化和老年人需求的变化,老年产品和老年服务的相关企业需把握产业转型和创新升级的机遇,调整企业发展方向,满足市场和老年人的实际需求。最后,产业结构的调整中勇于创新产业业态。时代的发展,新技术、新理念、新需求都会给产业的发展环境带来变化,因此需调整商业模式,不断创新丰富养老产品。

---

① 胡泽勇:《基于传统孝道的养老服务业及其可持续发展》,《理论月刊》2017年第3期,第149-154页。

（三）整合优化养老产业链

构建整合养老产业链可以创新传统产业发展模式,构造"养老+"新业态,形成覆盖范围广、服务功能齐全、经济效益大的产业链,体现出协同发展的效力[①]。养老产业链的核心产业是养老服务业,通过优化升级,可以加强养老服务体系建设,提升服务的专业化水平,提高养老服务业人员的专业的知识和技能。养老产业与医疗护理的融合,可以满足未来老年人对医养结合和长期护理的需求。养老产业与金融业融合而成的养老金融可以改善老年人的投资理财观念,提升家庭养老资产的保值率。养老产业与地产行业的结合,有助于推动中国地产适老化改造进程,促进候鸟养老院和养老公寓建设。养老产业与物业产业的合作,有助于辅助家庭养老模式,让老年人足不出户实现新型居家养老。养老产业与互联网、高新技术等融合可以加速中国的智慧养老建设,让智能产品、智慧平台走进老年人的生活,提升养老的科技感。养老产业与文化教育、休闲旅游等产业的融合可以提升老年生活质量,扩大内需和供应链供给。同时,养老产业的发展壮大,对上下游的建筑业、交通运输业及其他产业均有积极推动作用。通过联动式的经营发展模式,提升了养老产业的运行效率,也提高了养老产业链的竞争力、动力源和融合度。

四、构筑以老人为本的养老服务保障体系

（一）健全多层次的养老服务体系

中国养老产业要树立以老人为本的发展理念,健全多层次的养老服务体系。养老服务体系主要指老年生活所需的全方位的服务系统,包括养老服务主体、服务对象、服务内容和服务方式等内容[②]。提供养老服务的主体有政府、市场和社会组织,其中政府主要面向贫困户及独居、失能等特困特殊群体免费的兜底福利性养老服务,主要为保障老年人的基本生活。市场和社会组织主要为中低收入者提供低营利性的基本养老

---

① 周丽,覃棹:《产业链视域下养老产业优化路径研究》,《物流工程与管理》2020年第4期,第178-180页。
② 董克用,王振振,张栋:《中国人口老龄化与养老体系建设》,《经济社会体制比较》2020年第1期,第53-63页。

服务,政府指导市场价格。市场为满足高收入老年人的多元高品质的需求而提供的商业性服务[①]。服务对象可以根据老年人的身体、经济、居住地、年龄等情况进行分类。服务内容涵盖内容较多,除常见的基本生活服务,还有医疗护理、养生保健、康护疗养、文化娱乐、应急救援等。

除此之外,中国养老服务体系还应该充分考虑中国的文化特色和特殊国情,夯实家庭养老的基础地位。针对不同养老需求,统筹推进居家社区机构协调补充,线下资源和线上资源相融合,打造科技与人文相结合、农村与城市相均衡的多样化、多层次的养老服务体系。落实医疗机构和养老机构的互联互通,实现零距离诊疗,倡导全程化、专业化、低费用护理。对于农村高龄、特困、空巢、独居、失能等老年人,发挥基层党建凝聚力,构建爱心食堂 + 幸福院集中供养的养老服务模式,拓展基本养老需求的覆盖面,对于重点照顾人群探索实施精神层面的照料。以社区或村落为单元,提倡互助抱团式养老,鼓励年轻助老,倡导低龄助高龄。动员社会组织和志愿者队伍,着力发展"时间银行"式服务,规范各类上门服务,以爱心助老换取未来养老服务的积分。借助各级各类数据平台和老年人服务 App、智能装备,实现养老服务的全覆盖,为老年人提供及时、高效、丰富、专业和精准的服务。

(二)发展多支柱养老保障体系

1997 年,中国国务院发布的《关于企事业职工养老保险制度改革的决定》最早提出了发展多支柱的养老保障体系,建议实行以国家基本养老、企业及个人为补充的养老保险改革方向,2003 年发布的《劳动和社会保障部企业年金试行办法》和 2018 年个人延展型商业养老保险开始尝试把年金和商业养老保险加入养老保障体系。2020 年通过的《中共中央关于制定国民经济和社会发展第十四个五年规划和二〇三五年远景目标的建议》中提出中国要塑造多层次、多支柱养老保险体系。为补充基本养老服务,组建多层次商业养老服务体系,国务院颁布《"十四五"国家老龄事业发展和养老服务体系规划》和《国务院办公厅关于推动个人养老金发展的意见》(国办发[2022]7 号)[②]。中国已形成

---

① 杨琳:《多层次社会养老服务体系建设的思路框架和实现路径》,《卫生软科学》2021 年第 11 期, 第 45–50 页。
② 张杰:《保险业参与养老产业的政策与建议》,《沈阳师范大学学报》2023 年第 2 期, 第 98–104 页。

职工和居民养老保险为第一支柱,以企业年金、职业年金为主的第二支柱,以职工个人储蓄、商业养老保险或个人购买的其他养老金融产品为第三支柱的养老保障体系。截至 2020 年底,中国参加基本养老保险人数约 9.99 亿,参与职业年金职工约 2.7 亿[①]。尽管参保人数众多,但是第一支柱目前在养老保障体系中比重过大,过度依赖于社会养老保险不利于中国社会和经济的协调、可持续性发展,养老保障体系支柱发展不均衡,未来长期政府社会保障压力巨大。根据中国社科院世界社保研究中心发布的《中国养老金精算报告 2019—2050》,按现收现付养老保险制度,2035 年将会出现全国养老保险基金结余耗尽。

为构建全民覆盖、互助共济、公平持续的养老保障体系,必须坚持以改革创新为动力,贯彻落实可持续发展和以老人为本的理念。在传统养老三支柱的基础上,构造五支柱体系,增加国民年金养老保障和非正式保障。对于第一支柱,推进机关事业单位与企业的"双规制"的合并,改革养老基金的投资模式,提高政府补贴和养老基金的保值增值率。对于第二支柱,加大对中小微企业的扶持力度和税费减免力度,提升职工年金的参保率和缴费基数。对于第三支柱,要丰富养老金融产品,创新个人税收递延型养老保险制度和优惠激励制度。第四支柱借鉴瑞典和日本的经验,发展国民年金或全民年金,扩大养老保障覆盖人群,调整加强对贫困户、农民的政府兜底性的支持力度,落实所有老人一视同仁的全民养老金保险制度。第五支柱为非正式保障,鼓励家庭养老,增强回归家庭的责任感,分担政府压力[②]。鼓励社区居家养老,构建社区(村庄)、街道、居委会成立养老护理中心,政府对街道划拨专项资金,满足社区老年人的养老需求。

(三)鼓励支持老年人再就业

2002 年,世卫组织在《积极老龄化政策框架》倡导老年人积极参与社会经济活动的"积极老龄化"理念,即提倡鼓励老年人可以按照自己的需要、意愿和能力重新参与社会生活,充分发挥老年人在社会、物质

---

① 冯潇,成新轩:《中国多支柱养老保障存在的问题及瑞典经验借鉴》,《金融与经济》2022 年第 5 期,第 90—96 页。
② 刘芸:《"多支柱"养老保障体系健全机制之探讨》,《温州职业技术学院学报》2021 年第 2 期,第 55—59 页。

和精神等方面的潜力①。人口红利的衰退影响了经济的持续高速发展,挖掘开发老年人力资本成为应对老龄化和经济社会变化的内在要求。低龄老年人一般具有身体状况好、自我调适能力强、就业意愿强烈等特点,通过再就业可以提升养老保障水平和身体心理健康水平,减轻政府养老压力和家庭养老负担。通过参与社会生活,老年人继续发挥余热,传递经验实现人生价值,还可以摆脱孤独感和失落感。

鼓励老年人再就业,需要政府、社会和家庭三方合力。首先,政府层面应该创设有利于老年人再就业的环境。通过制定相关的政策法律,使老年人的就业有法律依据,加强对老年人再就业的权益保护,通过老年人再就业探索弹性退休或延迟退休制度。完善老年人再就业的保障体系,消除就业歧视,制定企业和用人单位老年人再就业管理办法和奖励措施,提升用人单位雇佣老年人的积极性。政府还应该重点关注农业老年群体,以切实回应农村老年人的农业生产与非农业工作中的困难和问题②。其次,社会层面应该尊重老年人意愿、鼓励老年人积极作为。借助公益社会组织,提升老年人就业竞争力,帮扶有就业意愿的老年人落实单位,帮助权益受到侵害的老年人维权。搭建大数据供需平台,建立老年人力资源库,吸引用人单位按需聘用人才,扩展老年人就业路径渠道,丰富工作类型,实现人才市场的信息畅通。最后,老年人家庭层面,家人应该对老年人再就业给予支持和鼓励,加强沟通和关怀。老年人需要树立积极向上和乐观的心态,努力提升自身素质,树立法治观念,合理维护自己权益。随着老龄化的加深,就业不再是年轻人的专属,老年人通过工作发挥社会作用,是应对多元业态的必然之选。

五、促进养老产品和养老服务的供需平衡

（一）搭建智能化养老平台

生产力的发展引发了科技革命,高新技术给传统产业注入新的活力。中国养老服务业还存在着一些问题:养老需求供给信息不对称,服

---

① 罗浩:《老年人再就业面临的多元挑战》,《合作经济与科技》2022年第5期,第92-94页。
② 刘雅娜,褚琪:《如何更好"继续发光发热"——积极老龄化视域下老年人再就业促进研究》,《山东行政学院学报》2022年第3期,第100-108页。

务的总量和质量不足,养老资源使用效能低下。由于时空距离,养老服务和资源难以实现精准匹配,行业发展碎片化严重,缺乏互动协同性[①]。利用物联网和智慧养老等新技术建立智慧养老服务平台,整合养老需求平台和供给平台,实现养老模式的现代化改造,可有效化解养老产品和服务的供需难点问题。一方面,利用大数据技术建立老年人的电子档案,通过随身 App 标记老年人的身体指标,记录老年人的网上浏览和消费习惯,收集老年人的养老服务需求,研判老年人所需的服务和产品,调整供给系统。另一方面,收集整理养老商品和服务供给方的数据清单,根据其销售评价记录和特色优势产品进行有效的对接和推送,让有需求的老年人精准获取相应的产品服务,提升服务的效率。平台主要具有如下特征:(1)数据的同步性,平台和老年人都可以通过智能设备获取老年人和供给方的数据信息;(2)信息的集成共享[②]。通过平台将供需信息衔接,提升资源的使用效能;(3)安全的预警。通过平台的数据记录和追踪,可在老年人身体指标异常时自动预警,保障老年人的生命安全;(4)远程的控制。子女既可以通过定位或数据指标来了解老年人的近况,还可以实现远程的互动交流和多元化服务的订购。(5)提升服务质量、延伸服务半径,通过平台广泛的资源可以让老年人货比三家,也可以让供给方增强竞争意识从而提升服务质量。

(二)发展孝道文化产业

推进孝道文化的产业化是传承中华传统养老文化与时俱进发展的必经阶段。养老文化作为一种非物质文化需要继承、传播、发展的载体,需借助各种养老产品、养老服务进入社会[③]。发展传统孝道文化既可推动中华传统养老文化的传承与创新,也可以实现文化的经济功能,获取巨额经济收益。孝道文化产业与出版业、养老服务业、旅游业等联系紧密,可开发与孝道相关的产品,例如孝道礼品、纪念品、书籍、音乐等,这些产品可以作为礼物或纪念品,同时传递孝道的价值观。在旅游名胜景点开发以传承孝道为主题的文旅产品,通过文化活动、民俗艺术馆、博

① 刘庆:《智慧赋能:"互联网+养老"的现实经验和未来向度》,《决策与信息》2022 年第 4 期,第 69—80 页。
② 龚娜:《基于老年人健康需求的智慧养老服务平台构建研究》,硕士学位论文,上海工程技术大学,2020 年,第 14 页。
③ 王楠:《新时代中华孝敬文化的发展路径研究》,硕士学位论文,哈尔滨工程大学,2019 年,第 54 页。

物馆等场所展示和传承传统的孝道文化。举办孝道主题的艺术演出、展览和讲座，吸引公众参与和了解。利用各种媒体渠道，包括电视、广播、报纸、网络等，宣传孝道故事、孝道活动和孝道价值观。推出相关节目、专栏和网站，引导公众关注和学习孝道。对于政府来说，可以出台相关政策，支持孝道文化产业的发展，例如提供经济支持、减免税收、土地优惠等政策措施，以吸引更多的企业和个人参与到孝道文化产业中，最终实现孝道的传承和产业的发展。

（三）培育养老产业新业态

大力发展银色经济，积极培育养老新业态是中国积极应对老龄化的战略举措。实际需求是新业态发展的根本，新科技是新业态发展的支撑点[①]。要提升老年人养老质量，满足老年人的精神文化需求，应该大力发展旅游养老和文化养老新业态，旅游可以使老年人放松身心，还可以在旅游的途中感知文化、疗养身体、体验异地生活，从而提升身心的健康程度。文化养老可以陶冶老年人的情操，实现老年人的老有所学，借助老年大学和其他文化阵地，传承传统文化，培养挖掘兴趣，实现人生价值目标。融合高科技手段，应该培育智慧养老和互联网养老新业态，在大数据平台、智能适老装备和物联网等技术的推动下，让养老进入新网络时代，通过互联网实现养老模式的创新和远程的诊疗护理，实现养老和医疗的融合，打造没有围墙的养老院。改善传统的居家养老模式，发展物业＋养老和养老地产，拓展物业和地产企业的业务范围，让老人足不出户尽享服务。培养老年人的储蓄观念，积极发展养老金融业，创新金融养老产品，提升养老保障水平。

六、打造专业人才队伍提升养老服务水平

（一）打造精细化和极致化服务品质

精细化是日本养老服务的核心竞争力[②]。养老产业发展到一定阶

---

① 尹德挺，廖闻文，菅立成：《在凝聚新动能中培育养老新业态》，《民生周刊》2021年5月，第69-70页。
② 李宁春：《日本社区养老模式调研》，《保险理论与实践》2020年第4期，第99-120页。

段,养老产品和服务已经日趋丰富,智慧平台提升了养老供需的精准衔接,提升服务质量和精细极致程度成为下一步提升中国养老产业品质的重点方向。将传统的养老服务业升级成为人性化、精细化和极致化的现代服务业,能够激发老年消费欲望并刺激老年市场,有效扩大内需,激发中国经济的活力。在当前养老服务不够匹配的情况下,通过养老服务创新可以延伸养老服务链条的半径,拓宽养老服务的服务范围,细化养老服务市场,催生"家门口经济",最终通过精细化和极致化的养老服务推动老年"大众消费"阶段更快过渡到"高生活质量"阶段[①]。精细化的养老服务引导养老机构的发展方向和发展目标,从而改善养老市场环境,提高整个养老服务业的发展水平。将精细化和极致化的服务理念嫁接到养老管理的行业中,可以从服务人员素质、服务模式、管理模式和服务质量等层面进行提质,提升养老服务工作效率,增强老年客户的信任感、体验感和满足感。通过打造精细化的管理和服务,可加强对养老服务的过程化管理,增强养老服务行业的标准化体系建设。借鉴日本护理行业的成功经验,打造中国特色的养老服务模式和服务品牌,可提升中国企业的竞争力。

(二)健全人才激励和考核机制

人才激励体系尚不够完善,是中国文化和养老服务人才流失率高的原因之一。通过建立文化、养老服务人才的激励和保障制度,将物质激励与精神激励相结合,短期激励与长期激励并举,提升人才的社会地位和工资待遇,可不断激发人才的从业积极性和热情,提升人才的归属感和职业认同感[②]。鼓励对文化及养老从业人员采取弹性收入分配机制,根据工作量、岗位和业绩津贴等元素划定岗位级别,对不同层次的人才进行分级管理,为不同级别的人才预留发展空间和晋升渠道,激发人才的上进心和成长需求,对于超额或者超质量完成工作者,制定好相应的绩效奖励或者补贴,体现多劳多得的理念,加大人文关怀力度,吸纳专业人才。除激励因素,文化机构和养老机构还需制定合理的考核机制,重点考核专业能力和业绩水平,考核的结果要物质奖励与精神奖励相结

---

① 徐可,曹瑾:《以物业精细化服务推动城市经济内涵发展与动能转换》,《经济界》2021年7月,第13—19页。
② 刘娜:《厦门市非营利性民办养老服务机构人才供给研究》,硕士学位论文,华侨大学,2018年,第51页。

合,鼓励从业人员通过定期考取职业资格和职业技能等级证书,树立终身学习的理念。激励从业人员积极参加职业技能比武、外出培训和学历提升等,培养竞争思维。此外,鼓励发展传承文化和助老志愿者队伍,激励志愿者积极参与传承孝道和助老行动。

（三）完善专业人才培养体系

各类学校是培养文化和养老专业人才的主阵地,因此要加大对文化产业、养老行业的支持力度,应充分发挥专业教育的主导作用,在专业建设和办学经费上给予相关的院校足够的支持,对于报考相关专业的学生设立一定的奖助学金或补贴。积极拓宽传统文化、养老管理、养老服务等专业人才的培养渠道,推动人才的分层分类培养改革。借鉴国外高校经验,在中职、高职、本科、研究生等不同办学层次和学历水平开设养老专业,打通职业规划路径,优化从低到高的人才结构,设置不同方向,满足养老产业和养老市场对人才的实际需求。目前国内开设养老护理专业的本科高校相对较少,毕业生规模远远不能满足市场需求,建议建立职业教育为主,本科和研究生层次教育为辅助补充的多层次的人才培养体系,深入挖掘学校资源,按照学校的定位发展培养的应用型人才和研究型人才,鼓励学生考取职业资格证书和技能证书。高校应该联合社区、养老院等机构成立养老服务实践中心,既提高学生的实践能力,又可以承接社会各类养老服务人员的继续教育和在职培训。充分发挥校企合作的优势,高校积极开展与养老企业机构的合作,按照企业的要求开设相关的课程内容,提高实践和实习的质量,可以实现提升就业率与培养专业人才双目标。加大国内院校与国外高校在养老护理方面的教学、人才培养、实践就业等环节交流合作。[①]

七、加强文化交流和养老产业进出口贸易发展

（一）加强优秀传统文化的国际交流与合作

全球一体化进程加剧了世界多元文化的交流和交融,世界文化在互

[①] 刘娜:《厦门市非营利性民办养老服务机构人才供给研究》,硕士学位论文,华侨大学,2018年,第53页。

相碰撞、互相学习、互相借鉴中融合融汇发展。文化的交流是文化发展的动力,对文化的传承和创新有极大推动作用。扩大国际文化交流,可推动中华传统文化的创新发展,提高中华文化的影响力和竞争力,促进世界文化的繁荣发展,有利于世界的和平。2017 年,中国印发的《关于实施中华优秀传统文化传承发展工程的意见》体现出国家对中华传统文化的重视。从十八大以来,中国已同上百个国家签订了文化协定,"一带一路"为中华传统文化的传播创造了有利条件,弘扬和传播文化也是"一带一路"经济文化交流的一部分。丰富多彩的传统民俗、宗教文化和中医药文化展现出中华优秀文化的魅力,提高了外国对中国历史文化的认识。加强文化的国际交流和合作,要注意民族文化的自尊自立,也要尊重其他国家文化的多样性,注意存异求同。要科学阐释中华传统文化内涵,通过国际文化交流、跨国论坛、学术报告讲座等,宣传中华传统文化的时代价值和意义,积极讲好中国故事,传播中国声音,让世界客观全面了解中国[①]。发挥中国跨国养老企业海外传播中华传统文化的作用,中华传统文化塑造了中国企业独特的气质和内涵,可让其他国家在对中华文化认同的过程中,对外传播中华传统文化。

(二)鼓励中国养老产业出口海外

自 1999 年进入老龄化社会,中国养老产业已经积累了部分经验,因此中国政府和企业应该加强与其他国家尤其是发展中国家在养老领域的合作,打造一批具有国际输出能力的中国养老龙头品牌,为其他国家老年产业的发展提供经验和技术。中国养老产业"走出去"战略可以展示中国改革开放发展成果,提升中国企业的竞争力。中国养老产业应该把握"一带一路"机遇,借鉴发达国家产业发展经验,实现自身优质发展。通过国际养老产品展销博览会、国际健康产业博览会,鼓励国内自主创新的养老企业实现养老产品和服务的出口,如武汉中旗生物生产的老年健康产品已经销往全球 100 多个国家和地区。大力发挥中医药在老年诊疗和养生保健中的优势,加大中医药的海外传播,中医药在新冠疫情的防治和诊疗中发挥了积极的作用,这为中医药出口奠定了良好基础。根据中国海关署公布的数据,2021 年中国中药材及中式成药出口

---

① 廉爽:《新时代中华优秀传统文化对外传播研究》,硕士学位论文,延边大学,2020 年,第 38 页。

约 12 亿美金,国际市场有待开发。要充分发挥华裔和华商的作用,目前海外华商华侨遍布世界各地,为中国养老企业的世界布局创造了有利条件,通过华商可以与其他国家、经济机构、企业、行业协会搭建对话平台,以增强在养老领域的合作。通过建立中外沟通交流机制,实现合作共赢发展,让中国养老产业走向世界舞台。

（三）提升中国养老企业的竞争力

随着中国人口出生率的低迷和老龄人口进程的加快,导致中国养老企业提供的商品和服务不能完全满足老年人的实际需求。在此背景下,国际智能产品研发企业、金融企业、保险企业及地产业、护理业巨头纷纷进入中国市场,这有利于丰富中国养老市场,但是也对中国养老企业构成一定的挑战。与欧美、日本等国家相比较,中国老年用品发展滞后,产品种类不齐全,自主研发能力不强,提供的养老服务也不够专业精细。根据中国老龄协会发布的《需求侧视角下老年人消费及需求意愿研究报告》指出,中国在老年高科技产品、无障碍产品、生活自助类产品的自主研发均基本空白,70% 以上的养老产品都靠进口。中国必须采取积极措施,根据人口结构的变化调整产业结构,增加政策扶持和科技投入力度,鼓励企业不断创新,掌握核心科技,增强中国养老企业的竞争力。首先,弘扬孝老企业文化,提升从业人员的使命感和职业认同感。其次,以老年需求为导向,深入挖掘市场潜力,丰富产品类别。再次,以高新技术推动企业的创新发展,提升企业的创新能力这个核心竞争力。然后,以老人为本,提升服务的质量和效率,以技术为载体升级服务标准[①]。最后,注重客户体验,提升竞争力,打造养老龙头品牌,实现连锁品牌化发展。

---

① 巩英杰,张媛媛:《"互联网＋"视角下养老服务产业转型升级路径研究》,《宏观经济研究》,2020 年第 3 期,第 152-163 页。

结　论

　　人口的老龄化给世界发展带来了危机和挑战。中国虽然进入老龄化的时间晚，但是发展速度较快，在社会和老年人尚未充分准备的情况下，给中国社会和经济的健康运行带来巨大的压力，如何实现养老、医疗等资源的合理精准匹配是一个非常严峻的挑战，如何在弘扬中华传统养老文化的基础上发展中国养老产业是一个重要的课题。中国是有着五千多年历史的国家，中华优秀传统养老文化是发展养老产业的根和魂，是发展中国养老产业的精神内核，指引着养老产业的发展方向和兴旺发达，反之，养老产业又是传承养老文化的重要场所和主要载体，因此中华传统养老文化和中国养老产业相互依存不可分割。由于政府、教育缺失、外来文化及传统观念等影响，中华传统养老文化有着弱化的一面，需政府、社会、学校、家庭四方合力实现其创新性的继承和发展。弘扬传统养老文化，有利于家庭和谐和社会稳定，可以引领养老产业的良性发展，为养老产业提供思想驱动力和发展的支撑力。

　　尊老敬老是中华民族的优良文化传统，养老难题对于落实积极老龄化和健康中国战略发挥着巨大作用。发展养老产业宗旨就是为使老年群体享受经济发展所带来的红利，老年生活的幸福度要靠强大市场的支撑。因此传承中华传统文化，发展养老产业，既是应对少子化、老龄化、高龄化的必然选择，也是改善民生、扩大就业、补齐服务业发展短板、为中国经济发展提供新动能的有效之举。21世纪以来，受文化、科技、经济及人口结构等因素的影响，养老产业也出现新的趋势和新的业态。传统的居家养老逐渐过渡到社区居家养老，"养儿防老"转向社会养老，养老保障也由子女家庭供养转为老人自养，养老内容从侧重于物质转为精神文化养老，数字化技术也改变了传统的养老手段。旅游养老、文化养老、金融养老、互联网养老和养老地产是产业融合的新事物，也是中国政府积极应对老龄化,实现养老文化创造性转化和养老产业创新性发展的必经之路。对于提升老年生活的幸福感、丰富老年市场、推动中国经济和养老产业高质量发展具有重要意义。

构建养老、孝老、敬老政策体系和文化环境,满足老年消费群体的个性化、多样化养老需求,是激发养老产业创新发展的内在动力,传统的养老产业模式已经无法适应当前的老龄化形势,养老产业只有融合才能发展,只有融合才能创新[①]。中国养老产业处于发展的初级阶段,较发达国家还有差距,还存在政策不健全、产业链不均衡、养老服务体系和保障体系不健全、养老资源供需未匹配、专业人才欠缺等问题。日本和新加坡受中华传统儒家思想的影响较为深刻,老龄化程度与中国相当,养老产业的发展受儒家文化影响明显,日本的"介护"保险和极致服务理念和新加坡的"乐龄"理念,还有老年人的积极就业都为中国提供了值得借鉴的经验和技术。在此基础上,最终构建出符合中国国情和民族文化特色的养老产业创新发展路径,具体包括:完善政策法规,营造产业发展环境,优化产业链条,打造养老服务保障体系,养老供给侧结构性改革,加强专业人才建设,加强国际文化交流,提升核心竞争力等。

受研究水平所限,本书还存在着一些不足,中华传统养老文化和养老产业的关系还不够深入,文化与养老实证分析中评价指标的如何确立还可以更科学,"养老+"新业态不够全面丰富,例如"养老+健康""养老+电商"等未纳入研究。未来研究可围绕如下几点:关于对养老产业的研究,目前主要侧重于整体性分析和提供对策,今后可采取微观视角就某一产业(如文化养老)进行具体研究,可获取更为详尽的成果;中国养老产业的发展城乡差距较大,根据 2021 年中国第七次人口普查数据显示,农村老年人比城镇高出近 8 个百分点,因此后续研究可着重考虑农村养老和乡村振兴问题;"养老+"随着新需求、新市场、新技术及老龄化程度的变化,会逐渐产生新的业态。人工智能和网络科技的发展会助力养老,因此"智慧养老"是未来重点探究之一。

---

① 朱静,张明:《人口老龄化背景下的养老产业融合发展路径选择》,《中阿科技论坛》2023 年第 2 期,第 49—53 页。

参考文献

一、专著

[1] 罗淳《从老龄化到高龄化 基于人口学视角的一项探索性研究》,北京 中国社会科学出版社,2001 年。

[2][战国] 孟柯《孟子》,张文修编译,北京 燕山出版社,2002 年。

[3][美]JamesH·Schulz:《老龄化经济学》,裴晓梅等译,北京 社会科学文献出版社,2010 年。

[4] 宋世斌《中国老龄化的世纪之困 老年保障体系的成本、债务及公共财政责任》,北京 经济管理出版社,2010 年。

[5] 黄高才《中国文化概论》,北京 北京大学出版社,2011 年。

[6] 郭凯明《人口转变、公共政策与经济增长》,北京 经济管理出版社,2013 年。

[7] 邹继征《中国养老体系完善与养老产业发展研究》,北京 新星出版社,2015 年。

[8] 曹云昌,杜锡刚,孔今《百善孝为先》,东营 中国石油大学出版社,2015 年。

[9][日] 大前研一《低欲望社会 人口老龄化的经济危机与破解之道》,郭超敏译,北京 机械工业出版社,2018 年。

[10] 朱玥颖《中国养老产业供需测算与结构优化研究 以城乡融合为视角》,北京 人民日报出版社,2019 年。

[11] 胡慧林《文化经济学》,北京 清华大学出版社,2019 年。

[12] 孙智慧《中国养老产业投资的商业模式研究》,成都 电子科技大学出版社,2020 年。

[13]（晋）郭璞《尔雅注》,周远富、愚若点校《尔雅》释亲第四卷,北京 中华书局,2020年。

[14]苏州市传统文化研究会,昆山市顾炎武研究会《传统文化研究》,苏州 苏州大学出版社,2020年。

[15]刘远立《老年健康蓝皮书 中国老年健康研究报告(2020-2021)》,北京 社会科学文献出版社,2021年。

二、学位论文

[1]翟鹏成《中国养老地产业发展模式研究》,硕士学位论文,重庆大学公共管理学院,2013年。

[2]黄桂钦《中国农村文化产业发展研究》,博士学位论文,福建师范大学,2014年。

[3]周叶《江西文化旅游研究》,硕士学位论文,武汉大学,2014年。

[4]王巧玲《城乡结合部老年人养老问题的政府作用探究 以大连高新区为例》,硕士学位论文,辽宁师范大学,2014年。

[5]甘志辉《医护嵌入型社区养老服务模式研究》,硕士学位论文,上海工程技术大学管理学院,2017年。

[6]李晓航《中国养老服务的问题、原因分析及对策》,硕士学位论文,吉林财经大学公共管理学院,2017年。

[7]武赫《人口老龄化发展背景下中国养老产业发展研究》,博士学位论文,吉林大学经济学院,2017年。

[8]王彩燕《候鸟型养老模式研究 以广西北海市为例》,硕士学位论文,广西大学,2017年。

[9]韩曙光《中国人口老龄化与养老产业问题研究》,硕士学位论文,新疆大学,2018年。

[10]宫兰一《中国传统孝道及其当代价值研究》,硕士学位论文,中国计量大学马克思主义学院,2018年。

[11]赵院刚《产业链视域下中国养老产业发展研究》,硕士学位论文,中共重庆市委党校重庆行政学院,2018年。

[12]刘娜《厦门市非营利性民办养老服务机构人才供给研究》,硕士学位论文,华侨大学政治与公共管理学院,2018年。

[13]毕牟一《老龄化社会的美术教育价值及其实现路径的探究》,

硕士学位论文,中国美术学院,2019 年。

[14] 卢闪闪《"互联网 +"背景下智慧养老生态产业链的研究》,硕士学位论文,上海工程技术大学,2019 年。

[15] 王楠《新时代中华孝敬文化的发展路径研究》,硕士学位论文,哈尔滨工程大学马克思主义学院,2019 年。

[16] 程麓希《基于模糊层次分析法的候鸟式养老老年人的满意度研究 以云南省安宁市 K 养老中心的调查为例》,硕士学位论文,江西财经大学人文学院,2019 年。

[17] 吴舒钰《基于政企合作的中国养老产业创新发展研究》,硕士学位论文,辽宁大学,2019 年。

[18] 郭敏《扩大开放视角下中国养老产业服务发展对策研究》,硕士学位论文,对外经济贸易大学国际经济研究院,2019 年。

[19] 迟秉恩《从 < 养老奉亲书 > 孝老养生思想探析当今社会养老问题》,博士学位论文,广州中医药大学,2019 年。

[20] 韦舒《广州市保险业与养老产业融合发展研究》,硕士学位论文,广东财经大学,2019 年。

[21] 张可越《先秦儒家的民本思想与政治美学》,博士学位论文,厦门大学,2019 年。

[22] 吕阳《促进养老服务业发展的财税政策研究》,博士学位论文,中南财经政法大学,2019 年。

[23] 许宁宁《荀子经学思想研究》,博士学位论文,湖南大学岳麓书院,2020 年。

[24] 赵建明《青岛市养老地产市场需求分析与开发对策研究》,硕士学位论文,大连海事大学,2020 年。

[25] 才思哲《青岛市居家社区养老服务发展研究》,硕士学位论文,山东科技大学文法学院,2020 年。

[26] 邹新艳《健康养老服务多元供给机制互动研究》,博士学位论文,四川大学公共管理学院,2020 年。

[27] 沈雪《老龄化趋势下养老地产需求研究 以沈阳市为例》,硕士学位论文,沈阳建筑大学,2020 年。

[28] 郝晓琳《人口老龄化对中国居民消费的影响研究》,硕士学位论文,山西财经大学财政与公共经济学院,2020 年。

[29] 李莉莎,《积极老龄化视角下文化养老研究 以石家庄市为例》,

硕士学位论文,河北经贸大学公共管理学院,2020年。

[30] 潘红虹《人口老龄化影响居民消费变动研究》,博士学位论文,上海社会科学院经济研究所,2020年。

[31] 宋东明《促进养老产业发展法律制度研究》,博士学位论文,辽宁大学,2020年。

[32] 龚娜《基于老年人健康需求的智慧养老服务平台构建研究》,硕士学位论文,上海工程技术大学管理学院,2020年。

[33] 廉爽《新时代中华优秀传统文化对外传播研究》,硕士学位论文,延边大学马克思主义学院,2020年。

[34] 李博洋《适老化社区景观模块研究》,硕士学位论文,东华大学,2020年。

[35] 牟娇《传统孝道的当代价值及弘扬研究》,硕士学位论文,西南政法大学,2020年。

[36] 付薇《中国公民养老的国家责任研究》,硕士学位论文,四川师范大学法学院,2021年。

[37] 陈颖《黑龙江省乡村休闲养老发展影响因素研究》,博士学位论文,东北林业大学,2021年。

[38] 张赛金《投入产出视角下中国养老产业的经济效应及预测分析》,硕士学位论文,广东外语外贸大学经济贸易学院,2021年。

[39] 黄睿《新时代大学生中华民族共同体意识精准培育研究》,硕士学位论文,桂林电子科技大学,2021年。

[40] 赵艳《健康老龄化背景下中国农村养老服务供给多元合作模式研究》,博士学位论文,内蒙古农业大学,2021年。

[41] 彭玉玲《积极老龄化视角下社会工作介入城市社区文化养老的实践研究以D社区为例》,硕士学位论文,黑龙江省社会科学院,2021年。

[42] 林泽宇《乡村振兴战略下养老地产开发模式的研究》,硕士学位论文,福建工程学院管理学院,2021年。

[43] 刘森《政府促进智慧养老产业发展责任研究》,硕士学位论文,西南大学,2021年。

[44] 周怀宝《先秦时期养老礼制研究》,硕士学位论文,河北师范大学,2021年。

[45] 易珍秀《中华民族孝道文化的传承创新研究》,硕士学位论文,西华师范大学马克思主义学院,2021年。

[46] 张含笑《哈尔滨市智慧健康养老服务质量评价研究》,硕士学位论文,哈尔滨商业大学,2022年。

[47] 华景斌《美国养老地产发展及其运营模式研究》,博士学位论文,吉林大学东北亚研究院,2022年。

[48] 徐小燕《新时代养老观及其实践路径研究》,硕士学位论文,安徽医科大学马克思主义学院,2022年。

[49] 黄颖《习近平关于家庭美德重要论述研究》,硕士学位论文,江西师范大学,2022年。

[50] 邓丽娜《新时代文化自信及其培育研究》,博士学位论文,东北师范大学,2022年。

[51] 赵炎炎《个案工作介入城市高龄独居老人消极情绪问题研究以X社区Y老人为例》,硕士学位论文,吉林农业大学,2022年。

三、期刊论文

（一）中文

[1] 林万孝《中国历代人平均寿命和预期寿命》,《生命与灾祸》1996年第5期。

[2] 张文范《顺应人口老龄趋势推进老龄产业发展 在中国老龄产业座谈会上的讲话(1997年5月28日)》,《市场与人口分析》,1997年。

[3] 徐文芳,何晖《中国农村家庭养老保障制度有效性分析》,《开放导报》2010年第6期。

[4] 王娟,李莉,林文娟,王枫,陈端颖,庄红平,况成云《基于马斯洛需要层次理论的老年人口养老需要研究》,《中国医学伦理学》2010年12期。

[5] 王怡《上海老龄产业发展现状分析及对策建议》,《产业与科技论坛》2011年第11期。

[6] 梁义柱《养老产业化的发展路径选择 从物质养老到精神养老》,《东岳论丛》2013年第3期。

[7] 商灏《刘云龙谈中国式养老金困局 未来缺口很大》,《华夏时报》2013年10月18日。

[8] 张新生,王剑锋,张静《中国养老产业转型和优化发展的思考》,

《湖南科技大学学报 (社会科学版)》2015 年第 3 期。

[9] 赵晓征《日本养老政策法规及老年居住建筑分类》,《世界建筑导报》2015 年第 3 期。

[10] 时江涛《嘉善县商务局 . 日本养老制度及养老产业现状 以静冈为考察》,《上海经济》2015 年第 7 期。

[11] 黄万丁《居家养老之日本经验及启示》,《中国民政》2015 年第 15 期。

[12] 那翠兰《候鸟式养老产业发展路径研究》,《商业经济》2016 年第 6 期。

[13] 孙寒冰,江美丽《国内外养老产业发展模式经验借鉴与启示》,《经贸实践》2016 年第 6 期。

[14] 袁景《传统养老文化视角下中国特色养老体系构建研究》,《广西社会科学》2016 年第 10 期。

[15] 罗志野《中国文化传统与养老问题初探》,《江南大学学报(人文社会科学版)》2017 年第 2 期。

[16] 张晓毅,刘文《中国 FTA 的推进与老龄服务贸易发展》,《武汉科技大学学报(社会科学版)》2017 年第 2 期。

[17] 朱丽荣《中国特色养老产业的现状及对策研究》,《哈尔滨职业技术学院学报》2017 年第 5 期。

[18] 党俊武《中国城乡老年人生活状况调查报告 (2018)》,《社会科学文献出版社》,2018 年。

[19] 景天魁《传统孝文化的古今贯通》,《学习与探索》2018 年第 3 期。

[20] 邓荣霖《以中华孝文化服务市场经济发展》,《人民论坛》2018 年 7 月上旬刊。

[21] 田思虹《论孔子孝道思想及其当代价值》,《法制博览》2018 年 7 月中旬刊。

[22] 樊鑫淼,魏雁飞,李丽丽《中国养老金融发展研究》,《西南金融》2018 年第 9 期。

[23] 许佳,吴然《传承孝文化促进健康养老产业发展》,《现代经济信息》2018 年第 18 期。

[24] 张静,孙畅《异地互动式旅游养老模式研究》,《旅游管理研究》2019 年 1 月下半月刊。

[25] 杨立雄,余舟《养老服务产业 概念界定与理论构建》,《湖湘论坛》2019 年第 1 期。

[26] 权麟春《论中华民族优秀传统的伦理精神及其新时代价值》,《马克思主义与中华文化研究》2019 年第 2 期。

[27] 孙建娥,张志雄《"互联网 +"养老服务模式及其发展路径研究》,《湖南师范大学社会科学学报》2019 年第 3 期。

[28] 陆杰华,沙迪《老龄化背景下异地养老模式类型、制约因素及其发展前景》,《江苏行政学院学报》2019 年第 4 期。

[29] 傅文静《中医文化出口到希腊,这群老外学起了五禽戏》,《现代养生》2019 年第 6 期。

[30] 杨蕾《山东省老年文化产业发展现状及路径分析》,《智库时代》2019 年第 6 期。

[31] 徐顽强,张婷《构建"五位一体"的物业养老服务体系》,《物业管理》2019 年第 10 期。

[32] 薛金霞,曹冲《国内外关于产业融合理论的研究综述》,《新西部》2019 年 10 月。

[33] 宋群,杨坤,陈啸《养老服务产业发展的国际经验》,《全球化》2019 年第 11 期。

[34] 李宏洁,张艳,余自娟,王荣华,赵敬,杜灿灿《中国"互联网 +养老"发展现状及启示》,《中国老年学杂志》2019 年第 12 期。

[35] 叶银宁,储伶丽,刘晓燕《乡村旅游、生态养生旅游、养老旅游融合发展探究 以西安市长安区为例》,《经济研究导刊》2019 年第 21 期。

[36] 前瞻产业研究院《数据分析中国养老地产发展趋势》,《中国房地产》2019 年第 29 期。

[37] 董克用,王振振,张栋《中国人口老龄化与养老体系建设》,《经济社会体制比较》2020 年第 1 期。

[38] 孟久琳《传统家训中的孝道教化及其当代价值》,《湖北工程学院学报》2020 年第 1 期。

[39] 卢晓靖,连福治《医养结合背景下中老年群体医疗旅游的认知及态度调查》,《吉林广播电视大学学报》2020 年第 1 期。

[40] 王蕾《积极老龄化视角下的山东省文化养老路径选择》,《泰山学院学报》2020 年第 2 期。

[41] 巩英杰,张媛媛《"互联网 +"视角下养老服务产业转型升级路

径研究》,《宏观经济研究》2020 年第 3 期。

[42] 周丽,覃棹《产业链视域下养老产业优化路径研究》,《物流工程与管理》2020 年第 4 期。

[43] 李宁春《日本社区养老模式调研》,《保险理论与实践》2020 年第 4 期。

[44] 张欣悦《中国人口老龄化的现状特点和发展趋势及其对策研究》,《中国管理信化》2020 年第 5 期。

[45] 杨凡,潘越,黄映娇《中国老年人消费结构及消费升级的影响因素》,《人口研究》2020 年第 5 期。

[46] 杨旭《中国养老产业发展新思路》,《合作经济与科技》2020 年第 6 期。

[47] 李鑫,侯冰洁《日本退休老年人再就业政策分析及对中国的启示》,《投资与合作》2020 年第 8 期。

[48] 刘杰《中国老龄化社会下养老产业发展研究》,《中国市场》2020 年第 8 期。

[49] 周言《人口老龄化背景下中国养老金融产品 发展研究》,《新金融》2020 年第 8 期。

[50] 陈玲《"一带一路"背景下中国传统文化对外交流途径研究》,《长春师范大学学报》2020 年第 11 期。

[51] 王潮《"互联网 +"智慧养老服务需求实证研究分析》,《经济论坛》2021 年第 1 期。

[52] 青连斌《"互联网 +"养老服务 主要模式、核心优势与发展思路》,《社会保障评论》2021 年第 1 期。

[53] 肖群忠《传统孝道的百年境遇与当代价值》,《船山学刊》2021 年第 1 期。

[54] 陈文满,向柳如《中国社会养老保险制度改革与发展政策建议》,《黑河学刊》2021 年第 2 期。

[55] 杨晓泽《长寿经济背景下老年人精神需求研究》,《新疆广播电视大学学报》2021 年第 2 期。

[56] 徐伟《弘扬中华优秀传统文化的特质 基于孝文化的马克思主义哲学探索》,《毛泽东邓小平理论研究》2021 年第 2 期。

[57] 刘芸《"多支柱"养老保障体系健全机制之探讨》,《温州职业技术学院学报》2021 年第 2 期。

[58] 董玉峰,兰翔英《商业银行发展养老金融 现实逻辑、障碍与突破》,《福建金融》2021 年第 3 期。

[59] 郭如良,李慧聪,刘小春《文化养老的现实困境与实践进路》,《西南石油大学学报(社会科学版)》2021 年第 3 期。

[60] 吴清,谢瑞萍,宋晨《广东省旅游—经济—环境耦合协调发展研究》,《生态经济》2021 年第 4 期。

[61] 陈政硕,李爱芹《"互联网 + "背景下智慧养老困境及其发展路径研究》,《攀枝花学院学报》2021 年第 4 期。

[62] 白维军《家庭养老的风险标识及其治理》,《社会保障评论》2021 年第 4 期。

[63] 师博,张新月《三孩生育政策下中国产业适老化转型发展研究》,《长安大学学报(社会科学版)》2021 年第 4 期。

[64] 尹德挺,廖闻文,营立成《在凝聚新动能中培育养老新业态》,《民生周刊》2021 年 5 月。

[65] 吴敏,熊鹰《年龄、时期和队列视角下中国老年消费变迁》,《人口与经济》2021 年第 5 期。

[66] 周自力《中国养老产业发展路径探索》,《农银学刊》2021 年第 6 期。

[67] 黄靖怡,张静《中国养老产业链优化研究》,《吉林农业科技学院学报》2021 年第 6 期。

[68] 孙洁《中国长期护理保险试点的经验、问题与政策建议》,《价格理论与实践》2021 年第 6 期。

[69] 徐可,曹瑾《以物业精细化服务推动城市经济内涵发展与动能转换》,《经济界》2021 年 7 月。

[70] 樊晓江《商业银行发展养老金融的实践探讨》,《金融纵横》2021 年第 7 期。

[71] 栾玉树《老龄化趋势下养老地产开发对策研究》,《房地产世界》2021 年第 7 期。

[72] 于雷《中国第三支柱养老保险发展探析》,《保险理论与实践》2021 年第 8 期。

[73] 刘文勇,雍尚玲《中国经济"走出去"能力分析 基于"一带一路"视角的研究》,《学术交流》2021 年第 8 期。

[74] 孙中锋,朱霞林,单习章《积极老龄化视野中的友好环境建

设》,《科技导报》2021 年第 8 期。

[75] 尹德挺,廖闻文《从国家战略高度重视"养老 +"新业态》,《北京观察》2021 年第 9 期。

[76] 冯莉《人口老龄化对农村居民消费水平的影响研究》,《时代经贸》2021 年第 9 期。

[77] 吴铖铖,张璐,张云瀚,孙鑫,赵德坤《"互联网＋医养结合"养老模式发展现状、问题及对策》,《科技创新》2021 年第 9 期。

[78] 孟伟伟《供给侧改革背景下"物业 +"居家社区养老服务研究》,《现代营销》2021 年第 9 期。

[79] 万洁,段绍旗,刘方媛,张英杰《应需响应,探索"物业服务 + 养老服务"可持续发展模式》,《课题研究》2021 年第 10 期。

[80] 王瑾,毛英,肖雯,潘永忠《传统孝文化在家庭养老中的创造性转化研究》,《教师》2021 年第 10 期。

[81] 钟佳伶,杜玲莉《日本退休制度改革举措及启示》,《经济导刊》2021 年第 10 期。

[82] 杨琳《多层次社会养老服务体系建设的思路框架和实现路径》,《卫生软科学》2021 年第 11 期。

[83] 薛原《江苏省中医药健康养老产业融合发展探讨》,《亚太传统医药》2021 年第 11 期。

[84] 胡坚《用数字技术推进养老业发展》,《杭州》2021 年第 12 期。

[85] 李颖《互联网应用适老化改造 弥合数字鸿沟助力数字养老》,《中国人力资源社会保障》2021 年第 12 期。

[86] 蒋家玉,杜玲莉《日本老年人再就业经验对中国延迟退休政策的启发》,《财经观察》2021 年 12 期。

[87] 朱波,木开代斯·赛依代克力木《"医疗 + 养老"视角下康养旅游产业新模式探析 以扬州市为例》,《旅游纵览》2021 年 24 期。

[88] 苏锐《齐鲁风光好 文旅气象新》,《中国文化报》2022 年 8 月 5 日,第 1 版。

[89] 刘彦华《五万亿大市场的机遇与挑战》,《小康》2022 年第 1 期。

[90] 仇丽萍《积极应对人口老龄化推动文化养老高质量发展》,《黑河学刊》2022 年第 1 期。

[91] 刘文军《多元主体保驾护航 数字化赋能的智慧养老模式》,《沈阳工程学院学报(社会科学版)》2022 年第 1 期。

[92] 李建伟,吉文桥,钱诚《中国人口深度老龄化与老年照护服务需求发展趋势》,《改革》2022 年第 2 期。

[93] 傅蕾,吴思孝《日本老年人力资源开发的经验及启示》,《中国劳动关系学院学报》2022 年第 2 期。

[94] 柴永昌《中华传统孝道的基本精神及当代价值》,《华夏文化》2022 年第 2 期。

[95] 郭容,全锐《西北地区文化产业和养老产业融合发展的耦合协调度研究》,《经营与管理》2022 年第 2 期。

[96] 韩存良《积极应对人口老龄化推动老龄事业健康发展 锡林郭勒盟人口老龄化现状及今后发展趋势分析》,《内蒙古统计》2022 年第 2 期。

[97] 杨洁静,刘志刚《老龄化背景下物业企业参与养老服务业的模式探究》,《服务经济》2022 年第 3 期。

[98] 兰瑞瑞《老龄化背景下物业企业参与养老服务业的模式研究》,《服务经济》2022 年第 3 期。

[99] 杜鹏《中国特色积极应对人口老龄化道路 探索与实践》,《行政管理改革》2022 年第 3 期。

[100] 刘雅娜,褚琪《如何更好"继续发光发热"积极老龄化视域下老年人再就业促进研究》,《山东行政学院学报》2022 年第 3 期。

[101] 刘成菊,唐小慧,刘玉《人口老龄化背景下四川省体育产业与养老产业融合发展研究》,《商业经济》2022 年第 4 期。

[102] 布留宪《厚植传统文化 创新养老模式 激发养老服务发展新动力》,《中国社会工作》2022 年第 4 期。

[103] 刘庆《智慧赋能"互联网＋养老"的现实经验和未来向度》,《决策与信息》2022 年第 4 期。

[104] 李晶《中国老年教育的现实需要和供给对策》,《中国远程教育》2022 年第 5 期。

[105] 冯潇,成新轩《中国多支柱养老保障存在的问题及瑞典经验借鉴》,《金融与经济》2022 年第 5 期。

[106] 罗浩《老年人再就业面临的多元挑战》,《合作经济与科技》2022 年第 5 期。

[107] 王文娟《传统孝道伦理的存续动力及其现代转化》,《湖北工程学院学报》2022 年第 5 期。

[108] 魏嘉莹,李晓东《传统孝道文化融入新经济时代路径探究》,《品味经典》2022 年第 9 期。

[109] 张平仁《孝道的内涵层级、评判维度与当代创新》,《华侨大学学报(哲学社会科学版)》2022 年第 5 期。

[110] 韩星《新时代中华传统孝道思想的重估与传承》,《云梦学刊》2022 年第 6 期。

[111] 杨会敏,卞宏飞《中日史传作品中的项羽形象比较》,《文学教育(上)》2022 年第 8 期。

[112] 刘辞涛,向运华《少数民族宗教文化对现代养老服务体系的赋能与完善》,《民族学刊》2022 年第 9 期。

[113] 曾岳婷《新加坡社会保障体系建设带给我国的启示》,《特区经济》2022 年第 10 期。

[114] 余红艳《人口老龄化对地方财政可持续性的影响研究》,《财经问题研究》2022 年第 11 期。

[115] 阳义南《多层次多支柱养老保险体系 理论、思路与方向》,《人民论坛·学术前沿》2022 年第 12 期。

[116] 阮王秀《乡村振兴视域下中华传统孝文化的嬗变与发展》,《文化产业》2022 年第 12 期。

[117] 芮美华《社区智慧医养结合平台探析》,《海峡科技与产业》2023 年第 1 期。

[118] 陈朝晖《文化自信视阈下孝文化的国家战略传播》,《湖北工程学院学报》2023 年第 1 期。

[119] 郭倩《〈左传〉〈国语〉中之"民德"词义考辨》,《殷都学刊》2023 年第 1 期。

[120] 朱静,张明《人口老龄化背景下的养老产业融合发展路径选择》,《中阿科技论坛》2023 年第 2 期。

[121] 张杰《保险业参与养老产业的政策与建议》,《沈阳师范大学学报》2023 年第 2 期。

[122] 傅才武,邓时《多元族群社会的文化共同体构建 新加坡文化政策的演进逻辑》,《江汉论坛》2023 年第 4 期。

[123] 张伶俐《智慧国家背景下新加坡老年人数字融入的举措与启示》,《成人教育》2023 年第 4 期。

[124] 孟磊《乡村振兴背景下农村养老服务发展研究》,《现代农村

科技》2023 年第 4 期。

[125]雷显腾《中国传统文化的现代化路径研究》，《古今文创》2023 年第 7 期。

（二）外文

[1]Binstock R H,"Aging and the Future of American Politics", *Annals of the American Academy of Politics & Social Science*, vol.415, no.2,1974.

[2]Joseph A, Califano Jr,"Department of Health, Education, and Welfare to the American Federation of Teachers 62nd Annual Convention", *Disadvantaged*,1978.

[3]Kernaghan K,"Politics, Public Administration and Canada's Aging Population", *Canadian Public Policy*, Vol.8, no.1,1982.

[4]Browning, Mand Lusardi, A,"Household Saving: Micro Theories and Micro Facts", *Journal of Economic Literature*, Vol.34, no.4,1996.

[5] Serres, A and Pelgrin, F,"The Decline in Private Saving Rates in the 1990s OECD Countries: How Much Can Be Explained by Non Wealth Determinants?", *OECD Economics Department Working Paper ECO/WKP(2002)/30*,2002.

[6]Horioka,C.Y and Wan.J,"The Determinants of Household Saving in China: A dynamic Panel Analysis of Provincial Data", *NBER Working Papers12723*,2006.

[7]Rammal A, Trouilhet S,"Keeping Elderly People at Home: A Multi-agent Classification of Monitoring Data", *Smart Homes and Health Telematics. Springer Berlin Heidelberg*, 2008.

[8]Andersen&Taylor,"Sociology: The Essentials", *CA: Thomson Wadsworth*,2011.

[9]Idakahlin, Anette Kjellbeg,"lived experiences of ageing and later life in older people with intellectual disabilities", *Ageing&Society*, vol.4,2015.

[10]Miriam Bernard."Ages and Stages: the place of theatre in the lives of older people", Ageing &Society, vol.4,2015.

[11]Isabella Paoletti,"Active Aging and Inclusive Communities:

Inter-Institutional Intervention in Portugal", *Ageing International*, vol.5, 2015.

[12]Hay Melissae, Connelly Denisem, Kinsella Elizabeth Anne," Embodiment and aging in contemporary physiotherapy", *Physiother Theory Pract*, vol.10, 2016.